러시아 지방연구 Ⅳ

우랄연방지구

경희대학교 러시아지역연구팀

KHUP 경희대학교 출판국

이 책은 지난 2년 동안 경희대학교 러시아지역연구팀이
수행해 온 연구의 성과물이다.

이 책은 2002년도 학술진흥재단의 지원에 의하여 연구되었음
(KRF-2002-072-BS2072)

목차

머리말

오늘날 국제사회는 빠르고 복잡하게 변화하고 있다. 이런 변화가 우리에게 한편으로는 불확실한 환경에 대응해야 하기에 도전이고, 다른 한편으로는 20세기의 부정적인 정체성을 극복하고 발전할 수 있는 기회가 될 수 있다. 역사적으로 한국의 운명은 지정학적인 특성으로 인해 종종 외부환경에 의해 결정되곤 했다. 그 과정에서 우리 자신이 부정되고 왜곡되면서 부정적인 정체성(minus identity)이 형성되었다. 이제 우리는 20세기 후반부터 형성되고 있는 새로운 국제환경에서 부정적인 정체성을 극복하고 새로운 발전을 모색할 수 있는 기회를 갖게 되었다.

최근 한국과 러시아간 교류가 다방면에 걸쳐 확대, 발전되고 있다. 이런 측면은 한반도 발전에 중요한 의미를 지니고 있다. 20세기의 한반도 운명에 결정적인 영향을 미쳤고, 향후 한반도에 중요한 영향을 미치는 나라가 러시아이다. 국권상실과정, 남북분단과정, 냉전체계에서 러시아적 요소는 우리에게 부정적이었지만 앞으로 러시아적 요소는 긍정적인 측면에서 한국의 발전에 중요한 역할을 할 것으로 기대된다. 한국과 러시아의 관계가 상호의존적으로 발전할 가능성이 매우 크기 때문이다.

냉전이후 우리의 국가발전전략 수립 과정에서 러시아의 정치적, 안보적, 경제적 측면이 중요한 역할을 하고 있다. 우리의 생존뿐만 아니라 발전적 측면에서도 러시아적 요소가 존재한다. 러시아는 한국의 국가안보 및 남북관계에도 적지 않은 영향을 미칠 수 있는 국가이며, 세계의 자원, 환경의 보고이며, 유라시아 물류의 통로이다. 나아가 유라시아 대륙과 태평양 세력을 연결시키는 교량적 위치의 활용이 우리 국가발전 전략의 주요개념으로 대두되고 있기 때문에 러시아와의 관계는 한국에 있어서 중요하다.

역사적으로 한국과 러시아의 관계는 150여년 전으로 거슬러 올라간다. 부정적이든 긍정적이든 양국관계가 확대됨으로써 그에 대한 연구도 적지 않게 진행되어 왔다. 각론적인 수준의 연구뿐만 아니라 점차 종합적인 연구도 시도되고 있다. 그렇지만 대부분의 연구가 중앙수준에서 진행됨으로써 러시아의 전체상을 이해하는데 한계가 있었다. 이런 경향은 중앙의 통제적 차원, 중앙집권적인 국가주도 차원에서 사회현상을 이해하려는 근대적 패러

다임과 관련된다고 볼 수 있다.

러시아 지방 수준에서의 연구 필요성을 두 가지 측면에서 살펴 볼 수가 있다. 세계화, 지방화 추세라는 보편적인 측면과 러시아의 특수적인 측면에서 러시아의 지방에 대한 이해가 필요한 시점이다. 오늘날 보편적 측면에서 지구촌의 시대가 도래 하고 있다. 근대이후 국가라는 개념으로 통일되었던 영역이 한편으로는 지방화(localization), 다른 한편으로는 세계화(globalization)로 인해 서서히 약화되어 가고 있다. 탈근대, 탈냉전, 세계화 경향이 대두되면서 지방은 중앙을 거치지 않고 세계와 접촉하게 되었다. 즉 이런 세방화(glocalization)과정에서는 근대적 국민국가의 영역 못지않게 지방의 영역이 주요하게 대두되고 있다. 한편 특수적 측면은 러시아 국가성 형성과 관련하여 제기되고 있는 러시아 지방화 경향이다. 소련 붕괴 후 러시아연방이 해체위기를 맞으면서 국가권력의 수직적 배분과정이 러시아 정치의 주요요소가 되었다. 러시아 국가성의 형성 과정에서 지방의 영역 및 중앙과 지방의 관계는 본질적이게 되었다.

러시아 헌법에 따르면 러시아는 공화국 통치형태의 연방제 국가로서 연방은 다양한 권리를 갖는 러시아 연방 주체들로 구성되어 있다. 러시아에는 89개 연방 구성주체가 있으며, 주체는 21개 공화국(республика), 49개 주(область), 6개 변강주(край), 2개 연방시(город федерального значения), 1개 자치주(автономная область), 10개 자치구(автономный округ)로 규정된다. 러시아의 연방조약(Федеративный Договор)과 연방헌법에 따르면 러시아의 연방체계는 2가지 원칙, 민족원칙 (национально-территориальный)과 지역원칙(административно-территориаль-ный)에 근거하고 있다. 89개 주체로 구성되어 있는 행정체제는 다시 7개 연방지구로 묶여져 기능적 측면에서 중앙의 통제를 받고 있다. 연방지구에는 중앙에서 파견한 대표가 행정을 총괄하는 형태를 띠고 있다. 이는 구소련 붕괴 이후 제대로 작동을 하지 않고 있는 국가관리 체제를 회복하기 위한 시도이다.

러시아에서 연방을 구성하는 단위(支邦)인 'субъект(主體)'는 지방(地方) 을 뜻하는 'регион(region)'과 동의어로 사용되고 있다. 일반적으로 지방이라는 개념에는 다양한 의미가 함축되어 있다. '지방'이라는 개념은 강한 위계를 전제하며 항상 '중앙'과 대비되어 사용되면서 중앙과 대비되는 '주변부 지역', '농촌', '발전되지 않은 지역'등의 의미를 내포하고 있다. 여기서 '지방'과 '지역'이라는 개념은 종종 혼용되어 사용된다. '지역 활성화'와 같은 관용적인 표현이 있는가 하면 문화적인 측면에서 '지방'이라는 용어가 사용되기도 한다. 러시아에서 정치적, 경제적, 사회적 부분에서 지방(地方)이라는 용어는 본래의 지방(地方)과 연방의 구성단위인 지방(支邦)과 혼용되어 사용된다. 이는 러시아에서의 지방화(регионализация)의 경향은 근본적으로 연방 주체와 관련되기 때문이다. 따라서 중앙-지방의 관계, 지방자치, 지방정부, 지방엘리트(региональная элита), 지방선거(региональные выборы)와 같은 경우 '지방'이라는 용어가 러시아연방을 구성하는 지방 즉 러시아의 연방주체(субъект Россий ской Федерации)를 의미한다. 하지만 러시아 헌법에 따르면 지방자치(местное самоуправление)는 연방주체 이하인 지방행정 단위, 즉 도시, 농촌거주지역과 기타 구역에 해당한다.

본 연구는 러시아 '공간'의 지방적 특성에 대한 총체적 분석을 목적으로 한다. 러시아 '공간' 및 '공간'간 관계에 대한 보다 정확한 분석은 사회과학, 자연과학간의 학제 간 연계 하에서 가능할 것이다. 그런데 학제 간(interdisciplinary) 연구에서 진행된 주제도(主題圖)의 분석은 별도의 방법론에 근거하기에 그 한계점이 있다. 따라서 본 연구는 이런 한계점을 극복하기 위하여 기존의 요소 환원주의(reductionism)적 연구방법에 의하여 도출된 자료를 복잡성(complexity) 패러다임으로 범위를 재구성하여 러시아 지방의 특성들을 파악하고자 한다.

경희대학교 러시아지역연구팀은 2002년부터 학술진흥재단의 지원 하에 연구의 공간적 범주로서 러시아 지방에 대한 연구를 수행하고 있다. 지난 2년간 본 연구팀은 러시아 지방특성에 대한 분야별 자료조사를 위해 러시아 현지를 방문하고 3차례 세미나를 거쳤다. 1 단계 연구는 분야별 연구방법에 근거하여 각 지방의 특성을 파악하는 것이다. 즉 보편으로 분해 및 분석(解析)하는 귀납적 일반화(inductive generalization)단계이다. 1차적으로 구조적인 子시스템(89개 연방주체)은 기능적인 分시스템으로 고찰된다. 에너지를 중심개념으로 하는 자연시스템, 권력을 중심개념으로 하는 사회시스템, 정보를 중심개념으로 하는 문화시스템이 분석의 국면, 즉 분 시스템이 된다.

자연시스템 관계항목은 토양, 기후, 지형, 자원; 사회시스템 관계항목은 역사, 생활환경, 경제, 교통, 산업, 정치과정, 정치형태, 선거경향; 문화시스템 관계항목은 언어, 종교, 세계관, 신화, 의례, 정체성, 표현상징군 등으로 열거할 수 있다. 이 단계에서 중요한 것은 요소환원주의 (reductionism)적 방법으로 경험적인 자료를 수집하여 분류하는 것이다. 이런 분류체계는 '왜(why)'에 대한 설명(explanation)보다는 'what(무엇)'에 대해 '기술(description)'하게 된다. 이 자료들은 일반화된 관념들을 상호 제약 하에 둠으로써 실재세계에 대한 하나의 합리적 해석체계를 구축하는 '기술적 일반화(descriptive generalization)', 즉 일반화된 모델을 구체적이고 특수한 영역에 적용하여 '결과'의 해석보다는 '과정'의 성격을 항상 새롭게 해석하게 되는 '유비적 일반화(analogical generalization)'를 위한 첫 단계 작업이다.

공동연구의 1단계 작업을 마무리하면서 러시아 지방연구 시리즈를 출간하고자 한다. 시리즈는 이미 구획된 러시아 지역의 연방지구를 기준으로 하여 총 7권으로 구성된다. 이 시리즈는 지방특성의 이해에 있어서 필수적인 기초 자료를 제공할 것이다. 이 공동연구를 시작한지 2년이라는 시간이 흘렀다. 짧은 시간에 다양한 전공자들이 공통 주제로 연구하는 과정에서 많은 어려움도 있었지만, 소박하나마 결실을 보게 되었다. 이 연구가 러시아의 이해와 연구, 특히 러시아 지방연구에 도움이 되기를 기대한다. 아울러 연구시리즈 출판을 맡아 준 경희대학교 출판국에게 감사드린다.

러시아 지역연구팀

연구책임자 권 세 은

일러두기

1. 러시아어 고유명사의 한글표기

러시아어 고유명사를 한글로 표기할 때, 가능하면 원어민의 발음과 유사하게 표기하되 다음과 같은 원칙을 유지한다.

1) 모음표기:

- 모음약화는 허용하지 않는다.
  예: Ростов-на-Дону 로스또프 나 도누
- 모음 'е'는 자음 뒤에서는 'ㅔ', 음절의 맨 앞과 'ь', 'ъ', 다른 모음 및 'ш', 'щ'뒤에서는 'ㅖ'로 표기한다.
  예: Липецк - 리뻬쯔크, Екатеринбург - 예까쩨린부르크,
  Грибоедов - 그리보예도프, Ингушетия - 인구셰찌야
- 모음 'ы'는 'ㅣ' 로 표기한다.
  예: Тыва - 띠바

2) 자음표기

- 된소리를 허용하며 자음동화를 반영한다.
  예: Татарстан - 따따르스딴, Новгород - 노브고로트
  그러나 Ленинград(레닌그라드)처럼 우리 사회에 고착화되어 사용되는 표현은 그대로 둔다.
- 자음 'п', 'т', 'к'는 모음 앞에서는 'ㅃ', 'ㄸ', 'ㄲ'로, 공명음 앞에서는 'ㄲ', 'ㄸ', 'ㅃ'로 표기하고, 어말이나 장애음 앞에서는 'ㅍ', 'ㅌ', 'ㅋ'로 표기한다.
  예: Пенза - 뻰자, Казань - 까잔, Красноярск - 끄라스노야르스크,
  Брянск - 브랸스크
- 자음 'б', 'д', 'г'는 모음 앞에서는 'ㅂ', 'ㄷ', 'ㄱ'로, 다른 유성음 앞에서는 'ㄱ', 'ㄷ', 'ㅂ'로 표기하고, 어말이나 장애음 앞에서는 무성음화를 적용하여 'ㅍ', 'ㅌ', 'ㅋ'로 표기했다.

예: Байкал - 바이깔, Дон - 돈, Гагарин - 가가린, Брянск - 브랸스크

- 자음 'с'는 모음 앞에서는 'ㅆ', 다른 자음 앞이나 어말에서는 'ㅅ'로 표기한다.

  예: Саранск - 싸란스크, Ставрополь - 스따브로뽈

- 자음 'з'는 모음 앞에서는 'ㅈ', 다른 자음 앞에서는 'ㅈ', 어말이나 무성음화가 일어나는 곳에서는 'ㅅ' 로 표기한다.

  예: Загорск - 자고르스크, Берёзовский - 베료조프스끼, Кавказ - 까프까스

2. 연방 주체 명칭 표기

1) 러시아 주체 명칭에 대한 다양한 표기가 있지만 다음과 같이 통일한다.
республика - 공화국; область - 주; край - 변강주;
город федерального значения - 연방시; автономная область - 자치주;
автономный округ - 자치구.

2) 민족단위로 구성된 연방주체(공화국, 자치주, 자치구)의 명칭은 고유의 명칭을 그대로 유지한다.
예: Республика Татарстан - 따따르스딴 공화국,
Республика Саха(Якутия) - 싸하(야꾸찌야) 공화국

3) 민족단위가 아닌 연방주체의 명칭은 주도의 명칭을 사용한다.
예: Читинская область - 치따주, Пензенская область - 뻰자주,
Ленинградская область - 레닌그라드주

4) 연해 변강주(Приморский край)나 유태인 자치주(Еврейская автономная область)처럼 이미 고착화되어 사용되는 경우는 그대로 유지한다.

우랄연방지구 개관

우랄연방지구는 꾸르간주, 스베르들로프스크주, 쮸멘주, 첼랴빈스크주, 한띠-만시야 자치구, 야말로-네네츠 자치구 등 총 6개 연방주체로 구성되어 있으며, 중심지는 예까쩨린부르크(Екатеринбург)시이고 대통령 전권대표는 표뜨르 미하일로비치 라띠셰프(Петр Михай лович Латышев)이다. 우랄지구의 총 면적은 178만 8천 900㎢로서 러시아 전체 면적의 10.5%를 차지한다. 인구는 1,260만 3천 200명으로 러시아 인구의 8.6%를 차지한다(2000년 기준). 인구밀도는 ㎢당 7.0명이다. 우랄연방지구에는 총 112개의 도시가 있고 이 중 주요도시는 다음과 같다: 예까쩨린부르크(Екатеринбург), 첼랴빈스크 (Челябинск), 쮸멘(Тюмень), 마그니또고르스크(Магнитогорск), 니주니 따길 (Нижний Тагил), 꾸르간(Курган), 쑤르구트(Сургут), 니주네바르또프스크 (Нижневартовск), 즐라또우스트(Златоуст), 까멘스크-우랄스끼 (Каменск-Уральский).

천연 자원의 보고인 우랄연방지구는 예부터 러시아의 강력한 산업지대이다. 러시아 전체인구의 1/10도 안 되는 지역이지만 전체 러시아 대비 천연가스 9/10, 석유 2/3, 철광 1/6, 정련 금속 1/3, 트랙터 1/5, 시멘트 1/8을 생산하고 있다. 이 지역은 러시아 연료와 금속, 중기계 생산의 중요 생산기지이다. 광산업의 발달은 이미 18세기에 시작되었고 소비에트 시기에 도약적 발전을 이루어 현재 우랄-꾸주네츠크 콤비나트, 마그니또고르스크 금속 콤비나트, 첼랴빈스크 트랙터 공장, 우랄 중기계 공장 등이 가동 중이다.

러시아의 서쪽과 동쪽을 잇는 우랄연방지구의 인구는 몇 십 년 동안 느린 속도로 증가하다가 최근 자연감소 상태가 나타나고 있다. 스베르들로프스크주와 첼랴빈스크주에 인구의 2/3가 거주하고 있다. 특히 예까쩨린부르크와 첼랴빈스크 도시의 인구는 백 만이 넘는다.

러시아 연방

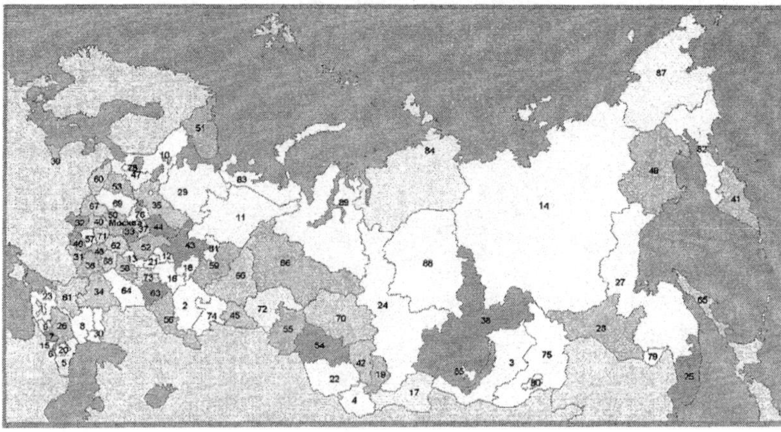

1. 아디게야 공화국 2. 바슈꼬르또스딴 공화국 3. 부랴찌야 공화국 4. 알따이 공화국 5. 다게스딴 공화국
6. 인구셰찌야 공화국 7. 까바르드-발까리야 공화국 8. 깔미끼야 공화국 9. 까라차이-체르께씨야 공화국
10. 까렐리야 공화국 11. 꼬미 공화국 12. 마리 엘 공화국 13. 모르도비야 공화국 14. 싸하 (야꾸찌야)공화국
15. 북 오세찌야 공화국 16. 따따르스딴 공화국 17. 띠바 공화국 18. 우드무르찌야 공화국 19. 하까씨야 공화국
20. 체첸 공화국 21. 추바시야 공화국 22. 알따이 변강주 23. 끄라스노다르 변강주 24. 끄라스노야르스크 변강주
25. 연해 변강주 26. 스따브로뽈 변강주 27. 하바로프스크 변강주 28. 아무르주 29. 아르한겔스크주
30. 아스뜨라한주 31. 벨고로트주 32. 브랸스크주 33. 블라지미르주 34. 볼고그라트주 35. 볼로그다주
36. 보로네슈주 37. 이바노보주 38. 이르꾸쯔크주 39. 깔리닌그라트주 40. 깔루가주 41. 깜차트까주
42. 께메로보주 43. 끼로프주 44. 꼬스뜨로마주 45. 꾸르간주 46. 꾸르스크주 47. 레닌그라드주
48. 리뻬쯔크주 49. 마가단주 50. 모스크바주 51. 무르만스크주 52. 니제고로트주 53. 노브고로트주
54. 노보씨비르스크주 55. 옴스크주 56. 오렌부르크주 57. 오룔주 58. 뻰자주 59. 뻬름주 60. 프스꼬프주
61. 로스또프주 62. 랴잔주 63. 싸마라주 64. 싸라또프주 65. 싸할린주 66. 스베르들로프스크주
67. 스몰렌스크주 68. 땀보프주 69. 뜨베리주 70. 똠스크주 71. 뚤라주 72. 쭈멘주 73. 울리야노프스크주
74. 첼랴빈스크주 75. 치따주 76. 야로슬라블주 77. 모스크바 연방시 78. 쌍트 뻬쩨르부르크 연방시
79. 유태인 자치주 80. 아가-부랴찌야 자치구 81. 꼬미-뻬르먀크 자치구 82. 꼬랴크 자치구 83. 네네쯔 자치구
84. 따이미르(돌가노-네네쯔) 자치구 85. 우스찌-오르다 부랴찌야 자치구 86. 한띠-만씨스크 자치구
87. 추꼬트까 자치구 88. 에벤크 자치구 89. 야말-네네쯔 자치구

우랄연방지구

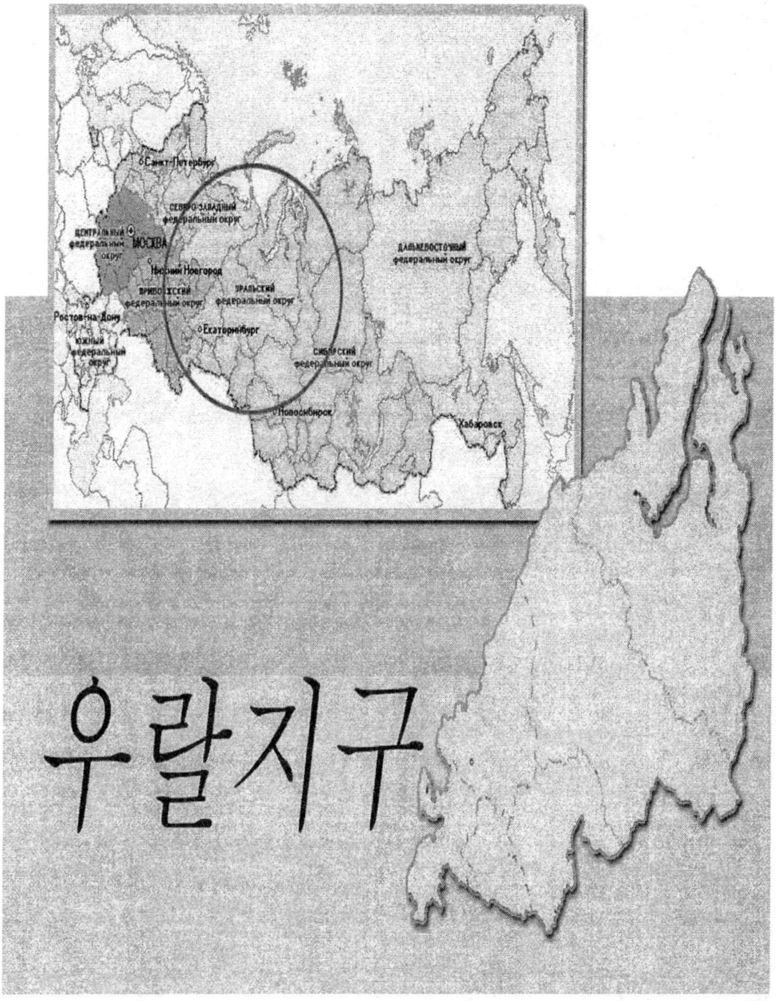
Санкт-Петербург
МОСКВА
Нижний Новгород
УРАЛЬСКИЙ
федеральный округ
Ростов-на-Дону
Екатеринбург
СИБИРСКИЙ
федеральный округ
Новосибирск
Хабаровск
ДАЛЬНЕВОСТОЧНЫЙ
федеральный округ
우랄지구

꾸르간주
Курганская Область

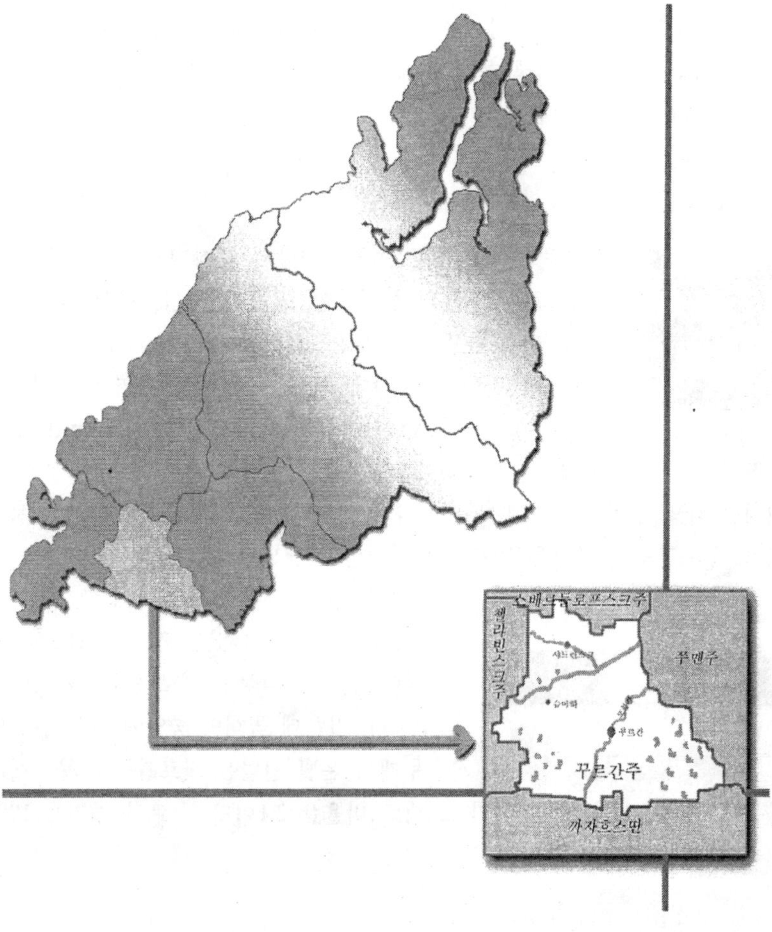

Ⅰ. 개황

1. 기초정보

주 성립일: 1943년 2월 6일 첼랴빈스크주에서 분리, 성립

주도: 꾸르간(Курган)

인구: 1,087,000명(2001년 현재: 러시아연방 전체의 0.75%, 89개 주체 중 51위)

인구밀도: 1.30명/㎢

면적: 71,000㎢(러시아연방 전체 면적의 0.42%; 89개 주체 중 46위)

소속지구: 우랄연방지구; 우랄경제지구

한국과의 시차: -4시간

2. 상징

꾸르간주 문장

꾸르간주의 문장은 녹색바탕의 문장 방패에 우랄 동쪽 지방 고대도시들의 상징물이 묘사되어 있는 형상이다. 방패의 은빛 하단부는 돌마또프스키(Долматовский) 사원을 형상화한 것이며, 동시에 꾸르간주가 국경지역에 위치하고 있음을 의미한다. 달리는 담비는 샤드린스크(Шадринск)의 문장에서, 두개의 은빛 언덕은 꾸르간시의 문장에서 차용한 것이다. 문장 방패에는 금빛 참나무 잎사귀가 드리워져 있으며, 녹색 안드레이 리본이 묶여 있다. 꾸르간주의 문장은 1997년 12월 1일 채택되었다.

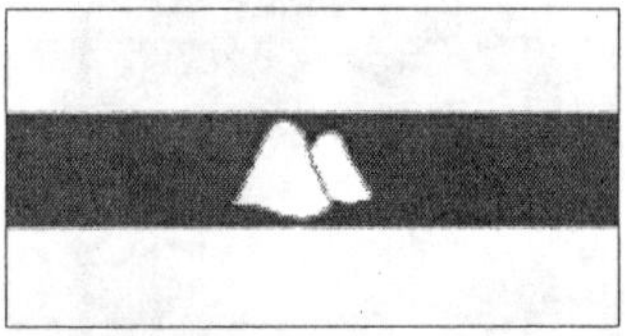

꾸르간 주기

꾸르간 주기는 위로부터 아래로 백색, 녹색, 백색띠가 둘려져 있는 장방형 천으로 되어 있다. 이러한 색상은 예로부터 시베리아를 상징한다. 가운데 녹색띠 중앙에 묘사되어 있는 두개의 은빛 언덕은 꾸르간주의 문장에서 차용한 엠블렘이다. 주기의 가로, 세로 비율은 2:1이다. 꾸르간 주기는 1997년 12월 1일 채택되었다.

3. 주요도시

꾸르간(Курган): 인구 364,400명; 북위 55°26′, 동경 65°19′
샤드린스크(Шадринск): 인구 86,500명; 북위 56°5′, 동경 63°37′
슈미하(Шумиха): 인구 20,900명; 북위 55°13′, 동경 63°16′
(인구: 2002년 현재)

4. 주요 산업 및 농업

주의 주요 산업으로 기계제작(농기계, 화학기계, 인쇄기, 버스 생산, 자동차 부품, 도로부설기기), 식료품산업(육류, 제분, 유제품, 식용유 및 치즈), 경공업(봉제, 메리야스, 가죽 및 신발산업, 양탄자 생산 등) 등이 발달했으며, 농업부문에서는 곡물생산(주로 봄갈이 밀), 사료작물 재배가 우세하다. 육류, 우유, 동물성 기름 생산 비중이 높고 양금이 발달했다.

Ⅱ. 자연환경

1. 지리적 위치와 구성

꾸르간주는 24개의 행정구, 9개의 시, 6개의 도시형 마을, 419개의 농촌마을로 구성되어 있으며, 서시베리아 평원 남동부, 또볼(Тоболь)강 중류 유역에 위치하고 있다.

스베르들로프스크(Свердловск)주, 첼랴빈스크(Челябинск)주, 쭈멘(Тюмень)주, 까자흐스딴과 경계를 이룬다.

주요 하천은 또볼강(이르띠쉬강의 지류)과 그 지류인 이세찌(Исеть)강이다.

수도 꾸르간시와 모스크바 간의 거리는 1,973㎞이다.

2. 기후조건

온난기후대, 대륙성기후

1월 평균기온: -18℃

7월 평균기온: 19℃

연강수량: 400㎜

식물 생장 기간: 125 ~ 135일

식생: 미개간된 스텝, 삼림과 스텝의 중간 지대, 타이가 지대

토양: 흑토

삼림분포도: 21%

3. 주요 유용광물

점토, 모래, 미네랄 염료 등 건축자재 등이 많이 나며, 석고, 석회암, 철광석, 이탄 등이 많다. 남부 지역에는 철광석 매장지가 있다(글루보첸스크, 베레조프스크 산지).

Ⅲ. 정치시스템

1. 역사

꾸르간주는 1943년 2월 6일에 구성되었다. 소련군이 스탈린그라드 아래서 히틀러군대에 결정적인 패배를 안겨주었던 때였다. 그러나 우랄 동쪽지역의 역사는 훨씬 이전에, 즉 첫 번째 이주자들이 또볼과 이세찌 강변에 크지 않은 요새도시를 만들었던 시기에 시작되었다.

우랄동쪽 지역 문화와 계몽의 발전에 큰 기여를 한 자들은 데카브리스트와 폴란드인 수형자들이었다. 도시 자체의 등장은 아직 명확하게 확립되어 있지 않다. 그렇지만, 저널 <과학과 인생> 1978년 6호에서는 <러시아제국의 법령 모음집>을 인용하고 연대기적 역사를 거론하면서 1553년을 도시가 건설된 해로 본다. 이 기록은 1896년에 출간된 브라흐가우스와 예프론의 백과사전에서는 거주민의 탄생을 의미한다. 1904년 발간된 <또볼스끄 현의 주소록> 책자에 의하면 꾸르간은 1633년에 세워졌다.

1662년 현재 도시의 장소, 즉 고대 사르마트인의 무덤인 거대한 꾸르간(Курган, 무덤)이 있는 곳에 쭈멘의 농민 티모페이 네제쥐늬에 의해 요새형 거주지 짜료보 마을(혹은 짜료프 꾸르간)이 세워졌다. 1738년에 이쉼스끄 방어선의 구축과 관련하여 요새는 폐지되었고 거주지는 꾸르간 거류지로 명명되었다. 이 거류지는 1782년 향 도시 꾸르간으로 개편되었다.

19세기 중반부터 도시는 농경과 목축 생산물 유통의 중심지가 되며 연간 네 번 열리는 시장의 유통량은 3백만 루블을 넘어섰고 대략 150개 이상의 가게가 있었다. 산업은 주로 농업원료를 가공하는 것이었다.

도시는 여러 번 유목민족에 의해 불탔고 다시 세워지고 성장했다. 1660년대부터 도시는 역사적 문헌들에서 자주 언급된다. 우랄동쪽의 남부국경이 생겨나면서 도시는 유목민족들로부터 러시아족의 땅을 지키는 군사적 요새로 빠르게 변모했다. 18세기 중반에 거류지는 세 개의 방어선을 갖게 되고 28개의 포와 거의 천 명 정도의 군사업무와 관련된 사람들이 있었다. 남부와 동부의 경작이 계속 진행되고 새로운 국경 요새가 건설되면서 꾸르간 거류지는 군사방어적 의의를 상실했고 행정 및 유통중심지로 발전하게 되었다.

1782년 짜르의 명령에 의해 거류지는 꾸르간시로 변화했다. 이 시기에 이르면 주민은 대략 2천 명 정도를 이룬다.

러시아의 중심지로부터 멀리 떨어져 있던 도시는 짜르체제에 의해서는 유형지로 이용되었다. 1830년부터 1857년에 걸쳐 유형 온 데카브리스트들, 즉 바사르긴, 바쉬마꼬프, 브리겐, 뀨헬베께르, 리하레프, 로레르, 나릐쉬낀, 나지모프, 뽀발로-쉬베이꼬프스끼, 로젠, 스비스뚜노프, 포흐트, 쉐삔-로스똡스끼 등이 살았다. 1880-90년에 여기에서는 작가 까로닌-뻬뜨로빠블롭스끼와 야꾸보비치가 유형을 마쳤다. 꾸르간은 소련의 국가적 인물이었던 끄라신과 시인 바실리예프의 고향이다.

첼랴빈스크로부터 꾸르간으로 첫 번째 기차가 1893년 10월 4일 도착했으며, 20년 후 도시에는 첫 번째 자동차가 등장했다. 꾸르간을 러시아 중심부와 잇는 철도의 건실과 함께 도시는 중요한 경제적 의미를 획득하게 되었으며 산업체들이 생겨났다. 19세기 말에 도시에는 대략 60개의 공장이 가동되었으며, 500명의 수공업자들 가운데 100명은 과자를 제조하는데 종사했다. 인근지역에서는 야채와 연초 재배가 발전했다. 1905년에 수력터빈 공장이 돌아가기 시작했는데 이는 러시아의 초기 공장들 가운데 하나였다. 1907년에 발라끄쉬늬에 의해 러시아의 대형기업 가운데 하나인 시베리아 버터제조연합이 세워졌다.

1941-1945년 2차 세계대전 기간에 꾸르간의 산업은 군수산업 지원으로 전환되었다. 도시에는 나라의 서부지역에서 철수한 많은 산업체들과 주민들이 자리를 차지하고 있었다. 1943년부터 꾸르간시는 꾸르간주의 중심이 된다. 1913년경 주민은 이미 3만명 정도에 이르며 1957년에는 14만 7천명, 1998년에는 37만 4천명으로 집계되었다.

2. 정치

1) 주지사 선거

주 행정수반 선거가 1996년 11월 - 12월에 두 번에 걸쳐 실시되었다. 3명이 입후보했다. 1996년 11월 24일 1차 투표가 성립되었다.

1차투표의 후보별 득표

후보명	출생년도	당시 주요경력	득표율(%)
보고몰로프(Богомолов О.А.)	1950년생	꾸르간주 두마의장	40.9
꼴따소프(Колташов А.Н.)	1947년생	АО '이볼가(Иволга)'의 대표이사	33.1
소볼레프(Соболев А.Н.)	1940년생	꾸르간주 행정수반	12.9

결선 투표에는 보고몰로프와 꼴따소프가 나갔다. 그렇지만 11월 29일 기업가인 꼴따소프가 사퇴했다. 주 선거관리위원회는 한명의 후보, 즉 보고몰로프만을 두고 결선투표를 진행시키기로 결정했다. 1996년 12월 9일 결선투표에서 꾸르간의 주지사로 주두마의 의장이자 인민-애국세력 블록에서 나온 후보인 보고몰로프가 선출되었다. 최종집계에 따르면 투표에 참여한 유권자의 67%가 그에게 투표했다.

2000년 11월 16일 주지사 선거에는 5명이 입후보했다. 유권자의 47.10%가 투표에 참여했고 모든 후보에 대한 반대에는 8.45%가 투표했다.

1차투표의 후보별 득표

후보명	출생년도	당시 주요경력	득표율(%)
안또쉬낀(Антошкин А.С.)	1958년생	꾸르간주 두마의원	1.65
바그레쪼프(Багрецов Н.Д.)	1945년생	ОАО '꾸르간 드로즈쥐(Курган дрожжи)' 대표이사	22.05
보고몰로프(Богомолов О.А.)	1950년생	꾸르간 주지사	43.23
예프레모프(Ефремов Л.Г.)	1954년생	꾸르간주 두마의장	16.64
꼴따소프(Колташов А.Н.)	1947년생	ЗАО "Иволга-ЛТД" 대표이사	5.49

바그레쪼프와 보고몰로프를 대상으로 동년 12월 10일 결선투표가 실시되었다. 바그레쪼프는 42.47%, 보고몰로프는 50.38%의 득표율을 보였다. 투표에는 유권자의 40.94%가 참여했고 모든 후보에 대한 반대에는 5.87%가 투표했다. 꾸르간의 주지사로 보고몰로프가 선출되었다.

2) 주두마의원 선거

1996년 11월 주지사 선거와 함께 지역 입법기관인 주두마의 의원 선거가 실시되었다. 투표 결과 22개의 선거구에서 33명의 의원이 당선되었다. 지역

선거구는 2인을 선출하는 중선거구 6군데, 3인 및 4인을 선출하는 대선거구 각각 한군데로 구분된다.

선거구별 당선자

선거구	당선자	득표수(득표율, %)
Округ №1 (Восточный)	Коваленко Н.Я.	2405(29.5)
Округ №2 (Юго-Восточный)	Малахов А.Б.	1835(28.2)
Округ №3 (Центральный)	Мехнина С.Г.	2301(20.8).
Округ №4 (Административный)	Ганеева Л.М.	4079(30.1)
Округ №5 (Железнодорожный)	Ермаков Ю.А.	3871(31.5)
Округ №6 (Юго-Западный)	Белоусов В.Г.	2850(24.5)
Округ №7 (Западный)	Абдулин Р.С.	1940(21.8)
Округ №8 (Промышленный)	Болтнев Н.И.	1918(31.8)
Округ №9 (Рябковский)	Толмачева А.И.	2692(25.6)
Округ №10 (Северный)	Гулькевич С.А.	2153(21.5)
Округ №11 (Заозерный)	Сменова Т.В.	4138(43.9)
Округ №12 (Шадринский)	Аленин А.С.	14505(32.4)
Округ №12 (Шадринский)	Бердюгин В.И.	11965(26.7)
Округ №12 (Шадринский)	Ефремов Л.Г.	19459(43.5)
Округ №12 (Шадринский)	Тигиняну С.Т.	12273(27.4)
Округ №13 (Альменевский)	Бутенко Н.А.	7048(41.7)
Округ №14 (Белозерский)	Антошкин А.С.	12292(34.0)
Округ №14 (Белозерский)	Зай цев Б.С.	8408(27.2)
Округ №15 (Далматовский)	Суконкин Б.К.	9196(33.2)
Округ №15 (Далматовский)	Черных А.А.	8438(23.3)
Округ №16 (Кетовский)	Васильев С.М.	6705(25.2)
Округ №16 (Кетовский)	Назаров П.И.	9907(37.2)
Округ №17 (Куртамышский)	Вартанов С.С.	9585(33.3)
Округ №17 (Куртамышский)	Татауров В.Н.	11721(40.7)
Округ №18 (Лебяжьевский)	Гусев В.Н.	7527(26.8)
Округ №18 (Лебяжьевский)	Мишуков В.И.	7885(28.1)
Округ №19 (Петуховский)	Шевелев В.П.	3417(22.1)
Округ №20 (Притобольный)	Колташов А.Н.	4186(31.1)
Округ №21 (Шумихинский)	Букреев А.М.	9194(32.6)
Округ №21 (Шумихинский)	Жеребцова А.И.	11940(42.3)
Округ №22 (Юргамышский)	Климов А.А.	12284(36.2)
Округ №22 (Юргамышский)	Пономарев А.П.	10741(31.7)
Округ №22 (Юргамышский)	Шерстобитова Л.В.	10552(31.1)

http://www.kurgan.intergrad.ru/vlast_vbr_uprav1.htm 참조(검색일: 2003.1.10).

3) 연방 국가두마의원 선거

1993-1995년 연방 국가두마 의원을 보면, 정치단체인 '러시아 진로(Росси й ский Путь)'소속의 베즈보로도프(Н. М. Безбородов)가 동부 선거구에서 당선되었고 농민당(АПР) 소속의 깔리스뜨라또프(Г. С. Калистратов)가 서부 선거구에서 당선되었다. 러시아공산당 소속의 올레이닉(Л. В. Олей н ик)은 정당별 투표결과 연방 전체명단에 따라 국가두마의원이 되었다.

1999년 12월 19일 실시된 러시아연방 국가두마의원 선거에서 정당별로는 러시아공산당이 최다득표(29.13%)를 했고, 그 다음으로는 <단결당>(26.65%)의 득표가 많았다.

1999년 12월 국가두마의원 지역구선거에서 하나의 선거구가 있었던 꾸르간에서는 베즈보로도프가 당선되었다.

후보별 득표

	후보명	득표수	득표율(%)
1.	베즈보로도프(Безбородов Н.М.)	162496	31.77
2.	이바노프(Иванов А.И.)	46706	9.13
3.	메흐니나(Мехнина С.Г.)	59232	11.58
4.	모릐체바(Морычева Л.В.)	10721	2.09
5.	쁘레제인(Предеин Н.Я.)	33465	6.54
6.	따따우로프(Татауров В.Н.)	17792	3.48
7.	우스마노프(Усманов В.В.)	71591	13.99
8.	치린(Чирин С.Ю.)	9730	1.90
9.	샤바노프(Шабанов М.Б.)	11130	2.18
10.	유르첸꼬(Юрченко Д.К.)	7112	1.39
11.	유소프(Юсов В.Н.)	10764	2.10
	모든 후보에 대한 반대	59985	11.73

http://kurgan.intergrad.ru/vlast.html(검색일: 2003.1.10).

Ⅳ. 경제 시스템

1. 경제개황

꾸르간주는 12개의 러시아 경제지역 중 우랄경제지역에 속한다. 꾸르간주는 우랄지역의 남단에 위치하여 국경이 까자흐스탄과 맞닿아 있어 외국과의 관계에 용이한 면이 있고 일찍부터 산업에 발전을 가져온 지역이다. 특히 농업에 적합한 기후와 토양을 지니고 있는 편이라서 작물·가축 가릴 것 없이 풍부한 생산량을 자랑하고 있다.

꾸르간주는 산업 잠재력의 대부분이 꾸르간 시에 집중되어져 있는 편이고 그 외에도 공업과 농업이 발달되어 있는 중심도시로는 사드린스크, 수미하, 끄르따미시 등이 있다. 특히 꾸르간은 우랄산맥에서 쭉 뻗어 남동쪽으로 길게 드리워져 있으며 이런 지형적 특성으로 인해 몇 종류의 자원들과 이것들을 가공하는 산업들이 집중적으로 발달되어 있다.

꾸르간주는 가스·석유가 풍부하게 쏟아지는 지역인 쭈멘주와 인접하고 있고 또 가까운 똠스크주에는 석유가 많이 나는 지구가 있어서 석유·가스도관이 간선으로 이 지역을 통과하고 있다. 그러나 꾸르간주 자체를 보면 전체적으로 유용자원의 매장량이 풍부하다고는 할 수 없다.

꾸르간주는 자원과 농산품을 가공하는 산업들 그리고 조립생산과 관련이 있는 산업들이 일찍부터 발달하였다. 대표적인 산업으로는 식품산업(특히, 고기가공, 식용유 종류, 분유가공 등이 발달하였다), 그리고 기계제작과 금속가공 또 전기전력, 화학 · 석유화학 등이 있다.

꾸르간주의 전체적인 경제상황을 알아보기 위해 거시지표를 몇 개 살펴보면 지역총생산이 0,4%이고 공업생산량이 0.4%, 농업생산량이 1.0%, 그리고 소매유통이 0.4%, 자본투자가 0.2%로 나타나고 있어 대체로 러시아 지역에서 높은 지표를 가지고 있지는 못하다. 꾸르간주의 지역총생산이 어떻게 증감되어 왔는지를 살펴봄으로서 지역총생산에서 나타나는 경제규모를 가늠해 볼 수 있다. 다음 표는 1인당 지역총생산과 지역총생산 지수를 나타낸 것이다.

꾸르간주 지역총생산액 추이

항목 \ 년도	1996	1997	1998	1999
지역총생산[1]	8,347	8,945	9,864	15,424
1인당 지역총생산[2]	7,524	8,086	8,931	14,017
지역총생산 지수[3]		106	90.3	103.0

http://www.infostat.ru/epub.htm(검색일: 2003.1.10).

꾸르간주의 지역총생산의 주요 구성에 따른 비율을 보면 공업부문과 농업부문이 각각 30.8%와 17.3%로 강세를 나타내고 있고, 유통부문이 12.9%, 건설과 운송부문이 3.9%, 8.2%의 비율을 가지고 있다.

꾸르간주의 기업부문에서 총 기업수와 소 기업수, 그리고 공업부문에서 활동하고 있는 기업수를 연도별 추이로 보면 다음과 같다.

기업수 추이

항목 \ 년도	1997	1998	1999	2000
총기업수(년말)	17,607	17,528	17,446	17,690
소기업수(년말)	3,184	3,687	3,080	2,912
활동기업수	744	934	577	777

http://www.infostat.ru/epub.htm(검색일: 2003.1.10).

2. 산업

1) 공업

꾸르간주 공업은 시장경제 이행기의 초기에는 그 생산량이 급격히 감소해왔었다. 그것은 공업을 이끌던 경제시스템이 바뀌어 여타의 설비 등 자본을 교체해야 했고 또 경영 등의 기업시스템을 변화시켜야 하는 '장기간의 토대기'가 필요했던 것이다. 이제는 시기적으로 충분한 시간이 흘러 경제와 공업이 안정화에 접어들었다. 특히 생산되는 품목들이 많이 다양해진 것에 주목할 필요가 있으며 그 중에서 의료제품과 인쇄업이 크게 발전하고 있다.

꾸르간주의 공업은 주로 가공산업이 대부분이며 러시아 대비 공업비중은

---

1) 단위:백만 루블, 1997년까지는 십억 루블(여타주 동일)
2) 단위:백만 루블, 1997년까지는 십억 루블(여타주 동일)
3) 전년대비 지역총생산액 %(여타주 동일)

높다고 할 수는 없다. 공업을 움직이는 기업들의 소유구조를 보면 비정부 부문이 96%이고 나머지는 정부부문이다. 비정부부문의 2/3가 혼합형태의 소유형태, 1/3이 순(純) 사기업에 속하고 있다.[4)]

꾸르간주의 대표적 발달부문은 기계제작·금속가공부문과 전기전력, 그리고 화학·석유화학과 식품공업이다. 이것과 관련해서 꾸르간주의 주요 공업품목과 그것의 2000년 생산량을 들어보면 다음과 같다.

전기전력은 12억 kv/시간; 버스생산은 2,000 대; 식사용 빵은 4만 600 톤; 고기제품은 8,300 톤; 우유제품들은 3만 6,100 톤; 목재가공용 기계는 1,132대 등이다.

꾸르간주의 공업을 전체적으로 조망하기 위해 총 공업생산량과 공업생산지수를 알아 볼 필요가 있다. 표로 살펴보면 다음과 같다.

총 공업생산량 추이

항목 \ 년도	1997	1998	1999	2000
총 공업생산량[5)]	5,749	6,941	10,596	14,774
공업생산 지수[6)]	744	934	577	777

http://www.infostat.ru/epub.htm(검색일: 2003.1.10).

꾸르간주의 공업부문별에 따른 구조를 살펴보면 기계제작·금속가공이 절대적 위치를 차지하고 있다. 여타 부문의 비율을 표로 살펴보면 다음과 같다.

주요 공업생산부문별 생산비율

생산부문	꾸르간주 총공업생산 비율
전기전력	18.2%
철강업	0.7%
화학·석유화학	13.9%
기계제작·금속가공	47.6%

4) 꾸르간주에는 대규모의 기업들이 몇 개 있으며 주요 공업기업들을 들어보면 다음과 같다. АО ‘Курганстальмост’, АКО ‘Синтез’, ОАО ‘Кургандормаш’, ОАО ‘Кургандрожжи’, АО ‘Лодия’, АОЗТ ‘Курганский завод деревообрабатьıвающих станков’, АООТ ‘Арматурньıй завод Икар’ 등이다.

5) 명목가격, 단위:백만 루블; 1997년까지 십억 루블(여타주 동일)

6) 명목가격, 단위:백만 루블, 1997년까지 십억 루블(여타주 동일)

목재가공, 종이·펄프	0.8%
건재공업	1.8%
경공업	0.6%
식품공업	12.6%
제분,곡물,사료	2.5%
기타	1.3%

http://www.infostat.ru/epub.htm(검색일: 2003.1.10).

2) 농업

꾸르간주의 농업은 다른 산업에 비해 상대적으로 발전되어 있으나 명목 총 생산량에 있어서는 러시아의 평균 정도에 지나지 않는 생산량을 가지고 있다. 가축사육과 작물재배가 고루 발달되어 있고 특히 작물재배가 더 양적 우위에 있다. 작물재배에 의한 주요 생산물의 종류와 생산량을 보면 다음과 같다(2000년 기준). 곡물- 108만 8,300 톤(수확 후 무게); 감자- 45만 2,500 톤; 채소- 16만 1,600 톤 등이다.

꾸르간주의 농업을 전체적으로 조명하기 위해 총 농업생산액과 작물관련 생산액, 가축관련 생산액 등을 알아볼 필요가 있다. 아래 표로 살펴보면 다음과 같다.

농업생산량 추이

항목 \ 년도	1997	1998	1999	2000
총농업생산액7)	3,875.8	2,291.1	6,742.5	7,896.3
작물관련 생산액	2,427.5	1,128.1	3,746.1	4,425.3
가축관련 생산액	1,4483.	1,793.0	2,96.4	3,471.0
농업생산 지수8)	119	66	120	96

http://www.infostat.ru/epub.htm(검색일: 2003.1.10).

꾸르간주의 총 파종면적은 2000년 기준으로 167만 5,900 헥타르이며 이 파종면적에서 재배되는 주요 작물비율 중 곡물이 단연 높은 비중을 차지하고 있다. 곡물의 비중은 약 68.2%를 기록하고 있고 사료용 작물이 28.0%, 감자와 채소재배가 2.4%, 특용작물이 1.5% 등이다.

7) 명목가치, 단위:백만 루블, 1997년까지는 십억 루블(여타주 동일)

8) 실질가격, 전년대비=100(여타주 동일)

꾸르간주의 가축사육에 관해 소의 사육은 41만 4,500 마리이고 이 중 암소는 18만 7,600 마리이다. 또 돼지는 22만 6,800 마리를 사육하고 있다. 그리고 2000년 기준으로 소 등의 육류량은 5만 7,900 톤, 우유는 45만 4,500톤을 생산하고 있다.

3) 자원 등 기타

꾸르간주는 우랄산맥과 시베리아 사이에 위치하고 있으며 첼랴빈스크와 스베르들로프스크, 쭈멘지방과 카자흐공화국과 경계를 같이하고 있다. 전체 면적은 7만 1,500km이며 남북의 총 길이는 290km이고 동서로는 430km에 달한다. 꾸르간주의 기후는 심한 대륙성기후로 추운겨울이 지속된다.

생태학적인 측면에서 살펴보면 1997년부터 공업과 농업생산이 급격히 성장하여 환경적 요건이 나빠져 있는 상태이며 특히 화학무기와 각종 핵 사고의 결과로 인하여 생태계의 파괴가 심각한 지경에 이르고 있다.

꾸르간주의 천연자원 중 가장 풍부한 것으로는 비옥한 토지를 꼽을 수 있다. 전체토지에서 농업용지는 60%에 달한다. 그러나 생태적 환경이 악화됨으로써 토양의 성질부문에서도 부식토가 15-20%정도 감소하였으며 바람과 물로 인한 토양침식이 더욱 강화되어 있는 실정이다.

주요 강으로는 또볼강, 우리강, 꾸르타믜쉬강, 유르가믜쉬강이 있다. 호수는 총 2,500개 이상이 있으며 주로 동쪽과 남동부에 분포되어 있다. 이들 호수 중의 25%는 광천수로 이 호수의 물과 진흙은 치료용 성분을 많이 포함하고 있다.

꾸르간주의 삼림은 전체면적의 1/5에 해당하는 170만 헥타르다. 동물계도 다양하여 그 종류로는 여우, 사슴, 멧돼지, 늑대, 너구리, 토끼 등이 있으며 조류로는 거위와 오리를 비롯하여 자고새가 많이 분포되어 있다.

꾸르간주에는 유용광물자원의 매장지가 매우 많다. 점토, 모래, 석고, 석회석을 비롯한 건축용자재의 매장지가 있으며 남부지역에는 철광산이 있고 크지 않은 규모의 이탄 매장지도 있다.

V. 문화시스템

1. 지역정체성

1) 인구

2001년 현재 꾸르간주의 인구는 1,087,000명이며, 러시아연방 전체 인구의 0.75%에 해당한다. 이중 도시인구는 55.38%(602,000명)로 인구의 도시집중도가 별로 높지 않은 편이다. 주의 인구는 1993년까지 꾸준한 상승세를 보이다가, 1994년부터 감소하기 시작하여, 2001년 현재 1993년 대비 3만 명(2.8%)이 감소함으로써 인구 감소폭이 그다지 높지 않은 편에 속한다. 그럼에도 불구하고 꾸르간주의 인구 자연증가율은 이미 오래전부터 마이너스 성장을 거듭하고 있다. 그러나 다행히도 전입자(33.7/1000명)의 수가 전출자(32.2/1000명)의 수를 약간 상회함으로써 인구감소에 보상적인 역할을 하고 있다.

꾸르간주 인구변동 추이

연도	1990	1992	1993	1994	1995	1996	1997	1998	1999	2000	2001
인구수 (1,000명)	1,107	1,114	1,117	1,114	1,116	1,111	1,106	1,104	1,102	1,096	1,087

Российский статистический ежегодник. М., 2001. С. 83.

꾸르간주 인구의 자연 증가율은 1992년 이래 마이너스 성장을 거듭하여, 2000년 현재 사망률이 출생률에 비해 약 70%를 상회한다. 특히 유아 사망률이 16.6%로 매우 심각한 수준에 이르고 있다.

꾸르간주 출생자수, 사망자수, 자연증가율

연도	출생자수(명)	사망자수(명)	자연증가율(명)
1990	16,069	12,644	3,425
1992	13,034	13,717	-683
1993	10,936	16,243	-5,307
1994	11,061	16,987	-5,926
1995	10,051	16,305	-6,254

1996	9,537	15,562	-6,025
1997	9,147	15,194	-6,047
1998	9,991	15,081	-5,090
1999	9,925	16,306	-6,381
2000	10,146	17,207	-7,061

Российский статистический ежегодник. М., 2001. С. 117.

꾸르간주의 경제활동인구 및 취업률, 실업률은 다음과 같다.

꾸르간주의 경제활동인구는 2000년 현재 529,000명(전체 인구의 48.6%)으로 비교적 적은 수이다. 반면에 실업자 수는 2000년 현재 70,000명으로 실업률이 13.2%에 달한다. 꾸르간주의 실업률은 90년대 초반까지는 비교적 안정세를 보인 후 중반 이후 고실업을 보이고 있다. 이러한 고실업은 경제상황이 획기적으로 개선되지 않는 한 당분간 지속될 전망이다.

꾸르간주 경제활동인구(취업자, 실업자), 실업률

연도	경제활동인구 (1,000명)	취업자수 (1,000명)	실업자수 (1,000명)	실업률(%)
1992	535	511	24	4.5
1993	535	505	30	5.6
1994	511	463	48	9.5
1995	511	468	43	8.4
1996	493	442	51	10.2
1997	489	428	61	12.5
1998	491	428	63	12.9
1999	541	473	68	12.6
2000	529	459	70	13.2

Российский статистический ежегодник. М., 2001. С. 138.

2) 민족

2001년 현재 꾸르간주의 인구 1,080,000명 중에는 러시아인 91.4%, 따따르인 2.1%, 바슈끼르인 1.6%, 까자흐인 1.4%, 우끄라이나인 1.3%, 벨라루스인 0.5%, 우드무르트인 0.3%, 추바슈인 0.2%, 독일인 0.2%, 모르드바인 0.1%, 기타민족 0.9% 등 100여 민족이 거주하고 있다. 이와 같이 꾸르간주의 인구 중 러시아인이 절대다수를 차지하고 있어 민족적인 갈등은 거의 없는 상태이다.

3) 교육

꾸르간주에서는 7개 대학 및 연구소, 62개의 초중등학교, 8개의 다양한 기술학교, 그리고 160여개 취학 전 아동교육기관이 운영되고 있다. 또한 다수의 보충교육기관이 운영되어 1998년 한 해 동안 보충교육을 받은 아동의 수는 26,163명으로, 전년대비 1,363명이 증가했다. 주의 인구 중 약 20% 이상을 청년층이 차지하는 가운데 주에서는 각급 교육 프로그램의 혁신을 위해서 많은 노력을 기울이고 있다.

2. 지역문화

1) 문화개괄

문화와 스포츠 영역에서 꾸르간시 행정부의 주요활동을 살펴보면 문화산업에서 새로운 일을 찾고 독자적인 창작 집단을 지원하고 문화, 스포츠 측면에서 전통을 유지하는 것이다. 이러한 과제를 해결하기 위해서 시의 행정부는 음악 학교, 예술 학교, 문화 센터, 영화관 등의 창작 집단들의 도움을 받아 사회단체, 시영 회사, 개인 회사, 대중 정보 매체들이 참가하는 전 도시차원의 축제와 콩쿠르를 개최하고 있다.

시의 날과 민속 작품 창작 페스티벌 '우랄 동쪽의 샘들(Родники Зауралья)', 경연극 콩쿠르 '아르뜨-아레나(Арт-Арена)'등은 시 행정부 활동의 좋은 예라고 할 수 있겠다. 시의 재정적인 여력이 부족함에도 불구하고 부유하지 못한 층을 위해서는 문화, 스포츠 기관과 시설이 무료로 운영되고 있다.

시 행정부는 문화와 스포츠 분야에서 주민들의 관심을 유도하면서 어린이, 청소년과 함께하는 문화시스템을 만들고 있다. 시는 15개의 작은 지역으로 나누어져 있고 각 지역에는 기본적인 기관들이 있는데 그것들은 문화 기관과 청소년 클럽, 공통 교육 학교 등이다. 시는 2000년에는 주민들과 함께하는 대중 스포츠 행사를 조직하는데 상당한 주의를 기울였다. 여러 종목의 스포츠에서 46개의 경기가 진행되었고 8,000명이 넘는 사람들을 참석시켰는데 그들 중 4천명은 아이들과 청소년들이다.

가장 인기 있는 종목으로는 축구와 육상경기, 탁구, 레슬링, 권투, 장기 등이었다. 미니 풋볼의 챔피언과 스포츠 축제인 '우랄 동쪽의 베르스따 (Зауральские версты)'등이 꾸르간 사람들에게 인상 깊었던 내용들이었다.

2) 문화시설

(1) 꾸르간 드라마 극장

꾸르간 지역 드라마 극장은 지역과 함께 탄생했고 성장했다.

1943년 2월에 꾸르간주는 첼랴빈스크 주에서 떨어져 나왔고 독립적인 지역이 되었고 그해의 5월에 주 드라마 극장의 창립에 대한 주 정치 위원회 설립안이 받아들여졌다. 1950년대 초에 시는 모스크바의 건축가인 표드로프의 설계와 아카데미 슈쎄프의 조언에 따라 새로운 극장 건물을 지었다. 반세기가 더 되는 기간 동안 꾸르간주의 무대에는 500편이 넘는 연극이 공연되었다.

(2) 인형극장 굴리베르

2001년도가 꾸르간 인형극장인 '굴리베르(Гулливер)'가 50주년 되는 해였다. 이 극장은 인형을 가지고 놀기를 좋아하던 예술가들인 자벨린(В. Н. Забелин)와 오를로프스까야(Н. В. Орловская)에 의해서 탄생했다. 1949년 1월 1일에 꾸르간 인형극장의 첫 번째 시연이 있었다. 이 극은 악사꼬프의 동화『붉은 꽃』을 각색하여 상연한 연극으로 아이들에게 크게 인기가 있었다. 극장은 자신의 건물이 없어서 장식품과 소도구와 배우들을 가득 실은 조그만 버스로 주를 따라 연극할 마을까지 갔다.

대형 손풍금의 반주에 따라 연극은 진행되는데 전체무대를 비추는 조명아래 연기자들은 젊고 열중하는 반면 관람석에는 어린이들이 앉아서 크게 뜬 눈으로 무대에서 일어나는 사건 하나하나를 숨죽여서 바라보며 배우들은 극속에 몰입하여 진짜 마술사가 되어버린다.

(3) 꾸르간 지지 박물관

꾸르간 지지 박물관은 1943년 6월 15일 근로 대의원 꾸르간주 소비에트의 정치위원들의 결정에 따라 1951년 11월 10일에 설립되었다. 현재 박물관은 주의 문화적 보고 중의 하나이다. 이 박물관에는 학술 연구자들의 훌륭한 창작집단이 모여 있다. 박물관은 유물들을 더 수집하고 있으며 새로운 상설전시관, 이동 전시관을 만들어 중요 기념일을 준비하거나 대중적인 수준의 향상을 꾀하고 있다. 박물관에는 3개의 전시관이 있는데, 자연관, 역사관, 소련 이전 시기와 소련이후 시기의 사회가 그것이다. 이것들 외에도 박물관에는 예술관, 학술 선전관, 학술 고문서와 도서관이 있다.

스베르들로프스크주

Свердловская Область

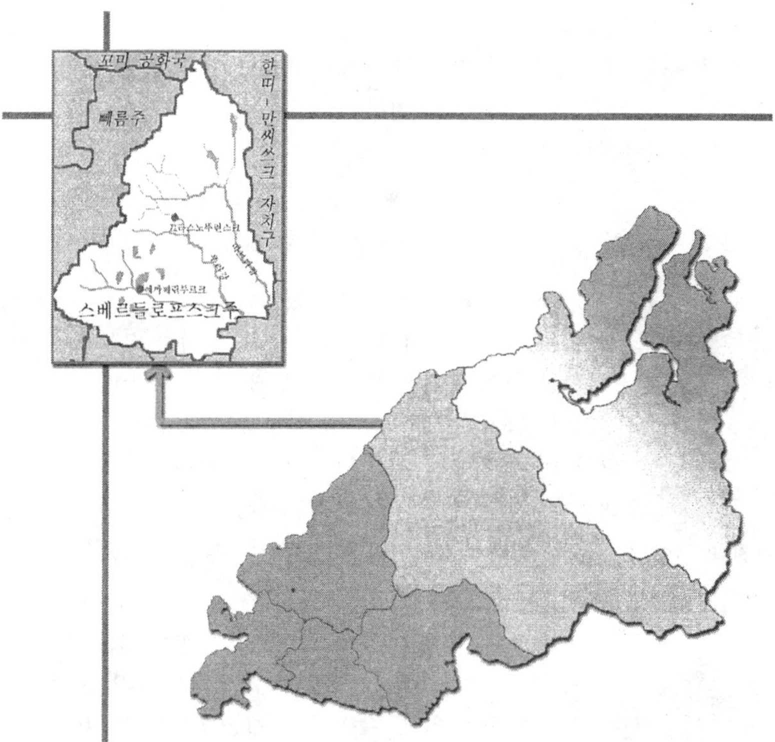

Ⅰ. 개황

1. 기초정보

주 성립일: 1934년 1월 17일

주도: 예까쩨린부르크(Екатеринбург)

(주도: 1991 - 예까쩨린부르크, 1924~1991- 스베르들로프스크)

인구: 4,573,000명(2001년 현재: 러시아연방 전체의 3.15%; 89개 주체 중 5위)

인구밀도: 23.47명/㎢

면적: 194,800㎢(러시아연방 전체 면적의 1.14%; 89개 주체 중 18위)

소속지구: 우랄연방지구; 우랄경제지구

한국과의 시차: -4시간

2. 상징

스베르들로프스크주 문장

스베르들로프스크주의 문장은 붉은 바탕의 문장 방패 중앙에 은빛 담비가 서 있는 형상으로, 담비는 화살촉이 아래로 향한 황색 화살을 두 손으로 잡고 있다. 방패 가장자리는 푸른색 리본으로 엮인 황색 참나무 잎사귀가 감싸고 있으며, 방패 위에는 황색, 적색 및 은색으로 장식된 왕관이 씌워져 있다. 방패 하단부에는 '스베르들로프스크주'라고 새겨진 리본이 드리워져 있다. 스베르들로프스크주의 문장은 1997년 4월 14일 채택되었다.

스베르들로프스크 주기

스베르들로프스크 주기는 위로부터 아래로 네 개의 띠(백색, 청색, 백색, 녹색)가 수평으로 그어진 장방형 천으로 되어 있다. 각 띠의 너비는 7/20, 9/20, 1/20, 3/20이다. 주기 중앙에는 위로부터 3/20지점에 주의 문장이 묘사되어 있다. 문장의 높이는 깃발 높이의 1/2이다. 깃발은 문장을 넣지 않고 제작, 사용이 가능하다. 주기의 가로 세로 비율은 3:2이다. 스베르들로프스크 주기는 1997년 4월 14일 채택되었다.

3. 주요도시

예까쩨린부르크(Екатеринбург): 인구 1,260,000명; 북위 56°51′, 동경 60°36′
니주니 따길(Нижний Тагил): 인구 385,400명; 북위 57°56′, 동경 60°1′
까멘스크-우랄스끼(Каменьск-Уральский): 인구 188,800명; 북위 56°25′, 동경 61°56′
뻬르보우랄스크(Первоуральск): 인구 135,700명; 북위 56°55′, 동경 59°57′
쎄로프(Серов): 인구 99,400명; 북위 59°37′, 동경 60°35′
노보우랄스크(Новоуральск): 인구 92,900명; 북위 57°15′, 동경 59°48′
아스베스트(Асбест): 인구 80,500명; 북위 57°1′, 동경 61°28′
뾜레프스꼬이(Полевской): 인구 69,800명; 북위 56°27′, 동경 60°11′
레브다(Ревда): 인구 64,800명; 북위 56°49′, 동경 59°57′
끄라스노뚜린스크(Краснотуринск): 인구 64,200명; 북위 59°47′, 동경 60°29′
베르흐냐야 뻬슈마(Верхняя Пышма): 인구 54,200명; 북위 56°58′, 동경 60°35′
레스노이(Лесной): 인구 53,900명; 북위 58°40′, 동경 59°48′
베르흐냐야 쌀다(Верхняя Салда): 인구 52,200명; 북위 58°4′, 동경 60°33′
베료조프스끼(Берёзовский): 인구 47,600명; 북위 56°54′, 동경 60°48′
이르비트(Ирбит): 인구 47,500명; 북위 57°41′, 동경 63°2′
까치까나르(Качканар): 인구 47,400명; 북위 58°42′, 동경 59°29′
알라빠예프스크(Алапаевск): 인구 47,200명; 북위 57°51′, 동경 61°41′
끄라스노우핌스크(Красноуфимск): 인구 44,200명; 북위 56°37′, 동경 57°45′
따브다(Тавда): 인구 43,000명; 북위 58°3′, 동경 65°16′
레슈(Реж): 인구 41,400명; 북위 57°22′, 동경 61°24′
(인구: 2002년 현재)

4. 주요 산업 및 농업

주의 주요 산업으로 제철산업(철, 비철금속), 기계제작, 금속가공(에너지, 운송, 화학공업 설비), 화학공업(황철광, 정선광, 유산, 과린산염, 유산동, 코크스 제조, 질소비료, 플라스틱), 건축자재(시멘트, 조립식 철근 콘크리트, 벽돌), 임업(제재목, 판넬, 종이, 타일) 등이 발달했으며, 농업부문은 우랄지역에서 파종면적이 가장 적지만 농업이 발달했으며, 파종면적의 반 이상에서 사료작물을 재배함으로써 낙농업 발달에 기여하고 있다. 또한 도회지 주변에서 감자, 야채가 재배되며, 양금, 양봉이 발달했다.

Ⅱ. 자연환경

1. 지리적 위치와 구성

스베르들로프스크주는 30개의 행정구, 47개의 시, 99개의 도시형마을, 427개의 농촌마을로 구성되어 있으며, 중부 우랄 및 일부 북부 우랄의 동부사면에 위치한다. 쭈멘주, 꾸르간주, 첼랴빈스크주, 뻬름주, 바슈끼르 공화국, 꼬미 공화국과 경계를 이룬다.

주요 하천은 또볼강(이르띠쉬강의 지류)의 지류인 따브다, 뚜라, 이세찌 그리고 삐슈마(뚜라강의 지류), 추쏘바야(까마강의 지류) 등이다.

수도 예까쩨린부르크시와 모스크바 간의 거리는 1,667㎞이다.

2. 기후조건

온난기후대, 대륙성기후

1월 평균기온: -16 ~ -20℃

7월 평균기온: 16 ~ 19℃

연강수량: 500㎜

식물 생장 기간: 105 ~ 120일

식생: 타이가와 혼합림 지대

토양: 염분회색토, 부식성 염분회색토

삼림분포도: 67%

3. 주요 유용광물

철광석, 동광석, 보크사이트, 석탄, 석면, 대리석, 활석, 금, 백금, 보석류 등이 있다.

주요 산지:

철광석: 까치까나르, 끼뜰림스크(Кытлымск), 비씸스크(Висимск).

동광석: 끄라스노우랄스크(Красноуральск), 끼로브그라트스크(Кировградск), 스레드네우랄스크(Среднеуралск).

석탄: 보고슬프스크(Богословск), 쎄베로쏘씨빈스크(Сквкро-Сосьбинск), 불

라나슈-옐긴스크(Буланаш-Елкинск).

석면: 바제노프스크(Баженовск).

활석: 샤브로프스크(Шабровск).

금: 베레조프스크(Березовск) 지방.

Ⅲ. 정치시스템

1. 역사

예까쩨린부르그는 1723년에 형성되었다. 이미 18세기 말에 이르면 도시에는 1859개의 목조, 13개의 석조건물이 있었고 9천명의 인구가 거주했으며, 그 가운데 절반은 숙련 및 미숙련 노동자들이었다. 예까쩨린부르그가 공식적으로 도시의 지위를 획득한 것은 1781년이었으며, 이때까지는 그냥 뻬름현의 향 수준의 도시였을 뿐이었다.

19세기 전반기에 도시는 특수한 처지에 놓여 있었다. 도시는 자신의 법, 군대, 재판소를 갖는 국가속의 국가였다. 도시는 광산지역의 중심으로 인정되었다. 1812년에 모든 러시아인에게 금의 발굴과 채굴을 허용하는 짜르의 명령이 선포되었다. 이때부터 예까쩨린부르그는 우랄과 시베리아의 '금'관련 중심이 되었다. 1745년 예로페이 마르꼬프가 처음 금을 찾은 장소에는 현재 도시 베레조프스키가 위치해 있으며 그 금광은 아직까지 고갈되지 않았다.

19세기 마지막 사반세기에 도시는 보석세공의 중심지가 된다. 알렉산드르 Ⅱ세의 치하에서 실현된 농노제 폐지와 개혁의 복합체는 예까쩨린부르그의 자본주의적 발전을 가속화시켰다. 도시에는 주정과 맥주 양조, 제분 등이 활발하게 발전했고 목재가공과 유지제조 기업들과 철로(鐵路)는 나라의 모든 끝부분에까지 다다르게 되었으며 은행업이 발전하기 시작했다.

제1차 세계대전 직전 예까쩨린부르그는 러시아의 대규모 유통-산업 중심지들 가운데 하나였고 지속적인 발전에 대한 전망이 밝았다. 1913년 도시에는 64개의 산업체와 699개의 유통업체가 일했고 그 연간 유통량은 690만 루블이었다. 그 부근에는 또한 연간 유통량 10,700,000 루블을 갖는 117개의 산업체와 1,597개의 유통업체가 위치해 있었다. 이 유통-산업적인 잠재력은 내전이 시작되기 바로 직전까지 꾸준히 성장했다.

내전이 끝난 후 예까쩨린부르그는 서글픈 광경을 목격하게 된다. 도시 발전소는 파괴되었고 공장은 가동되지 않았으며 교통은 작동하지 않았고 빵과 연료는 충분치 않았다.

1923년 예까쩨린부르그는 우랄주의 행정 중심지가 되었으며 우랄주에는 이전의 예까쩨린부르그, 뻬름, 첼랴빈스크, 쭈멘현이 들어갔다. 1924년에 도시는 유명한 볼셰비키 스베르들로프를 기리기 위해 스베르들로프스크로 개명되었고 1934년에 스베르들로프스크는 동일한 명칭을 갖는 주의 중심도시가 되었다.

20세기 초에 도시는 거대한 건설광장으로 변모했으며 여기에는 '우랄마쉬', '엘마쉬', '힘마쉬'와 같은 거대규모의 공장들이 들어섰다. 전쟁직전 도시의 인구는 42만 3천명에 달했다. 2차 세계대전 기간에 도시는 병기고로 바뀌었다. 도시의 주요기업들은 군수품 생산을 담당하게 되었다. 겨우 1941년 가을 무렵에야 스베르들로프스크주에는 러시아 서부지역에서 철수한 212개의 기업이 들어설 수 있었다. 도시에는 40개의 군사병원이 있었고 , 소련 과학아카데미 상임위원회, 쥬꼬프 군사 · 항공 아카데미, 소련군 중앙극장, MXAT가 활동했다. 여기에는 한시적으로 에르미따쉬 박물관의 소장품들이 자리를 차지하기도 했다.

전후시기 스베르들로프스크의 산업은 나라의 경제 복구와 지속적 발전에 적지 않은 역할을 했으며 동시에 도시 기업들의 국제적 관계를 확대시켰다. 1959년에 도시에는 77만 7천명이 거주하고 있었던 것으로 집계된다.

1991년 9월 4일 소집된 도시의 제21차 인민대의원회의 임시회의의 결정을 기반으로 발포된 1991년 9월 23일 러시아 사회주의공화국 최고소비에트 상임위원회의 명령에 의해 역사적인 명칭 예까쩨린부르그로 돌아가게 된다.

2. 정치

1) 정치 일반

① 집행권력

스베르들로프스크주 국가권력의 집행 및 운영기관은 주정부이다. 스베르들로프스크주의 최고지도자이자 집행권력의 수반은 4년 임기로 선출되는 주지사이다. 주정부는 주지사에 예속되며 주의회에 결산보고를 한다. 주의 총리는 보로비예프이다. 총리의 의무에는 주의 입법기관, 지방자치의 집행기관, 집행권력의 연방기관과의 상호작용을 조직화하는 것이 들어간다. 총리는 정부의 활동을 지도하고 그 활동에 대한 책임을 진다. 스베르들로프스크주 정부는 법인으로서 주지사와 함께 주의 예산과 예산외의 기금에 관한 운영을 담당한다. 주 정부는 스베르들로프스크주 국가권력의 집행기관을 지도하고 그 업무에 대해 통제한다.

예까쩨린부르그시의 행정부는 시의 집행권력의 최고기관이다. 예까쩨린부르그시의 최고지도자는 시장으로서 4년 임기로 시민들에 의해 선출된다. 1999년에 성립된 선거에서 체르네쯔끼가 당선되었다.

② 입법권력

스베르들로프스크주에서 입법권력은 의회에 의해서, 그리고 주민투표를 통해서 주민들에 의해 실현된다. 주의회는 주헌법의 수정 및 보완안을 상정하고 주 법률을 채택하며 예산-재정체계, 세금부과를 법률적으로 조절한다. 또한 주예산을 승인하고 그 집행을 통제하며, 지방자치문제를 조절하고 주헌법이 정하는 다른 권한들을 실현한다. 주의회는 양원제를 채택하며, 주두마(Областная Дума)와 대표자회의(Палата Представителей)로 구성되어 있다.

주두마는 법률을 채택하고 대표자회의에 승인을 받기 위해 그것을 보낸다. 주두마는 두마의원의 권한을 인정하고 의원들 가운데서 의장과 부의장을 선출하고 주두마의 위원회를 구성한다. 주의 총리 임면, 내무・재정・사회보장 운영책임자, 국가재산위원회의 임명에 동의를 하고 주헌법에 따라 다른 권한을 갖는다. 주두마는 4년 임기로 선출되는 28명의 대의원으로 구성된다. 매 2년마다 주두마의원의 절반이 선출되어 교체된다. 주두마의 의원들은 직업적으로 상설적 기반에서 자신의 직무를 수행한다.

대표자회의는 주두마가 채택한 법률을 승인한다. 대표자회의의 의원의 권한을 인정하고 주법률에 따라 주지사 선거를 지정하며 주의 주민투표의 진행에 관한 결정을 채택하고 주민투표에 관한 주의 위원회의 구성을 승인한다. 또한 지방자치기관의 선거를 지정하고 주헌법이 정한 다른 권한을 갖는다. 대표자회의는 2년 임기로 선출되는 21명의 의원으로 구성된다. 대표자회의의 의원들은 의장과 부의장을 제외하고는 해임이 자유롭지 않은 기반위에서 자신의 직무를 수행한다.

③ 입법과 주민투표

입법발의권은 스베르들로프스크주 의회, 의회의 의원들, 주 정부, 주의 헌법재판소, 주의 법원, 주의 중재재판소, 검찰, 지방자치기관에 속한다. 주의 기본법은 주헌법으로서, 주의 지위를 승인하고 소유권과 경제활동의 자유에 관한 권리를 확고히 한다. 주의 국제적 및 대외경제적 관계를 규정하고 주의 관할항목과 권한을 정한다. 주의 헌법은 러시아연방 헌법과 법률에 완전히 합치하며 그것을 구체화하고 그 현실화의 메카니즘을 보완한다.

주민투표는 주의회의 대표자회의에 의해, 또한 선거권을 갖는 주에 거주하는, 선거권을 갖는 시민 10만 이상이나 혹은 주의 도시 및 농촌지역 지방자치 대의기관 3분의 1이상의 서면 제안으로 결정된다. 주민투표는 선거권을 갖고 주의 영토에 상시적으로 거주하는 시민의 4분의 1 이상이 참여하면 성립된 것으로 인정된다.

2)선거

① 러시아연방 대통령 선거

2000년 3월 26일 러시아연방 대통령선거가 실시되었다. 이 선거에는 스베르들로프스크주의 유권자 34.63%가 참여했다. 뿌친이 60%를 훨씬 웃도는 지지를 얻었다.

주요후보의 득표

후보명	득표율(%)
뿌친	67.74
쥬가노프	17.01
야블린스끼	7.81
지리놉스끼	3.91

② 러시아연방 국가두마의원 선거

1999년 12월 19일 제3기 러시아연방 국가두마의원 선거가 실시되었다. 스베르들로프스크주는 7개의 선거구로 나뉘어져 있으며, 그 당선자는 다음과 같다.

선거구	의원	등록
아르쩨모프	그보즈제바(Гвоздева С.Н.)	'단결'(메드베드)
베르흐-이세츠끄	미슈스찌나(Мишустина Л.П.)	유권자 추천
까멘스끄-우랄스끄	레온찌예프(Леонтьев Г.К.)	유권자 추천
니즈네-따길	야제프(Язев В.А.)	우리의 집-러시아

오르드조니끼제	골룹꼬바(Голубкова Н.И.)	유권자 추천
뻬르보우랄스끄	무쪼예프(Муцоев З.А.)	유권자 추천
세로프	보로뜨니꼬프(Воротников В.П.)	'두호브노예 나슬레지예(Духовное наследие)'

2000년 3월 26일 2개의 선거구에서 국가두마의원 재선거가 실시되었다. 베르흐-이세츠끄 선거구와 오르드조니끼제 선거구에서였다. 쟈블리쩨프(Е. Г. З яблицев)와 오브친니꼬프(Н. А. Овчинников)가 각각 최다득표를 했다.

③ 주지사 선거

1999년 8월 29일 스베르들로프스크주의 주지사 선거가 실시되었다. 3백 4십여 만 명의 유권자를 가진 이 주에서 주지사 선거에는 7명이 입후보해서 경쟁했지만 1차 투표에서 당선자를 내지 못했다. 부르코프(А. Л. Бурков)와 로쎌(Э. Э. Россель)을 대상으로 결선투표가 9월 12일 실시되었다. 유권자의 다수가 로쎌을 지지했다.

Ⅳ. 경제 시스템

1. 경제개황

스베르들로프스크주는 7개의 연방지구 중 우랄연방지구에 속하고 12개의 러시아 경제지역 중 우랄경제지역에 속한다. 스베르들로프스크주는 경제적 측면에서 러시아의 '대들보지역'이라 할 수 있다. 러시아경제에서 차지하는 스베르들로프스크주의 경제비중이 매우 크기 때문이다. 지역총생산은 물론이고 공업과 농업 등 거의 모든 분야에서 월등한 성적을 거두고 있다. 그리고 지리적으로 교통의 요충지에 해당되어 러시아의 동서를 이어주는데 결정적인 역할을 맡고 있다.

스베르들로프스크주의 인접주변에는 우랄연방지구에 속해있는 여러 지역들이 있으며 이 지역들은 스베르들로프스크주와 상호의존적 관계를 가지고 있다. 실제로 이 인접지역들이 스베르들로프스크주의 여러 발전된 산업에 기대고 있는 것이 사실이다. 특히 스베르들로프스크주의 공업이 여러 부문에서 발전되어 있어서 (예를 들면 철강업, 비철금속, 전기전력, 그리고 기계제작과 금속가공, 식료품 등의 부문이 발달되어 있어) 이 인접지역에 산업연관효과를 높여주고 있다. 물론 농업에서도 가축·작물 모두가 고루 발달되어 있고 그 생산량이 높아 여러 인근 지역의 식량원이 되고 있다.

지역적으로는 에까쩨린부르크시가 중심도시로서의 역할을 하고 있으며 이 도시는 주도(州都)답게 여러 공업과 농업이 발달되어 있다. 특히 중공업이 발달되어 있으며 예를 들면 기계제작과 금속가공, 전기전력부문이 현저히 성장해 있는 상태이다. 이 부문들은 스베르들로프스크주 대비 약 70%에 이르는 대단한 생산량을 기록하고 있다.

스베르들로프스크주의 전체적 경제성적을 좀 더 자세히 보기위해 거시경제지표들을 살펴보면 하나같이 러시아의 여타 주체 중에서 매우 높은 비율을 전반적으로 차지하고 있으며 지역총생산이 러시아대비 3.0%로 매우 높은 비중을 차지하고 있다. 공업생산량은 4.1%, 농업생산량은 2.2%이고, 소매유통은 2.4%, 자본투자는 2.1%를 기록하고 있다.

스베르들로프스크주의 지역총생산의 성장을 연도별로 살펴보고 지역총생산 지수를 표로 알아보면 다음과 같다.

스베르들로프스크주 지역총생산액 추이

항목 \ 년도	1996	1997	1998	1999
지역총생산	67,620	74,150	78,243	123,409
1인당 지역총생산	14,378	15,902	16,833	26,675
지역총생산 지수		96.9	92.0	101.8

http://www.infostat.ru/epub.htm(검색일: 2003.1.10).

스베르들로프스크주의 지역총생산의 주요 구성별 비율을 보면 공업부문이 월등히 우월한 지위(약 42.2%)를 차지하고 있다. 농업은 6.6%, 건설은 6.3%, 운송은 8.3%이고 유통은 10.8%를 나타내고 있다.

스베르들로프스크주의 기업부문에 있어서 총 기업수, 소 기업수와 공업활동기업수를 연도별로 알아보면 다음과 같다.

기업수 추이

항목 \ 년도	1997	1998	1999	2000
총기업수(년말)	74,691	80,309	88,932	98,622
소기업수(년말)	31,569	25,938	31,891	21,580
활동기업수	5,377	5,458	5,087	4,300

http://www.infostat.ru/epub.htm(검색일: 2003.1.10).

2. 산업

1) 공업

스베르들로프스크주의 공업은 우랄연방지구는 물론이고 러시아경제에서도 중추적인 역할을 하고 있다. 즉 다양한 공업부문이 발전되어 있고 그 발전정도도 매우 높은 편이다. 특히 중공업이 중심이 되어 발달되어 왔기 때문에 연관효과도 매우 크다. 이것은 발달된 교통과 연계되어 파급효과가 매우 커서 러시아의 전체적인 발전에 큰 기여를 하여 왔다.

스베르들로프스크주 공업의 주요부문을 특징을 알아보기 전에 전체적 성과를 볼 필요가 있다. 스베르들로프스크주의 총 공업생산량과 공업생산지수를 연도별로 보면 다음과 같다.

총 공업생산량 추이

항목 \ 년도	1997	1998	1999	2000
총 공업생산량	64,424	66,697	113,757	168,220
공업생산 지수	93	91	110	116

http://www.infostat.ru/epub.htm(검색일: 2003.1.10).

스베르들로프스크주의 공업의 부문별 구조를 살펴보면 비철금속과 철강업 중심으로 공업이 발달되어 있다. 여타 부문의 비율을 표로 보면 다음과 같다.

주요 공업생산부문별 생산비율

생산부문	스베르들로프스크州 총공업생산 비율
전기전력	10.1%
연료공업	0.3%
철강업	24.2%
비철금속	28.6%
화학·석유화학	2.6%
기계제작·금속가공	16.8%
목재가공, 종이·펄프	2.0%
건재공업	3.8%
경공업	0.4%
식품공업	9.1%
기타	2.1%

http://www.infostat.ru/epub.htm(검색일: 2003.1.10).

스베르들로프스크주는 철강업과 비철금속공업부문에 있어서 러시아에서 규모면에서 현저하게 우위에 있는 지역 중의 하나이다. 이와 관련해서 생산주체를 기준으로 구성요소를 보면 50개 이상의 콤비나트와 공장, 수리전문기업 등이 있고 10개 이상의 전문연구기관이 이 부문을 이루고 있다.

실제로 스베르들로프스크주의 공업에서 양적인 생산의 측면에서 볼 때 거의 절반이상을 철강과 비철금속업이 차지하고 있으며 대표 품목은 철도용 철강, 운송기계제작용 철강(예를 들어 철도용 바퀴나 엔진 등), 각종 압연 등이다. 특히 비철금속의 부문의 알루미늄 콤플렉스에서는 6개의 대기업들이 생산활동을 하고 있으며 그 생산량에 있어 러시아대비 15%의 알루미늄압연, 53%의 인조산화알루미늄, 약 10%의 제1차 알루미늄 등을 나타내고 있다.

그 외 스베르들로프스크주의 공업에서는 많은 종류의 제품들이 생산되고 있으며 여타 부문에서 생산되고 있는 주요 품목들을 들어보면 다음과 같다.(2000년 기준)

석탄- 230만 톤; 철광석- 1,060만 톤; 강철- 650만 톤; 종이-3만 9,000 톤; 시멘트- 240만 톤; 식사용 빵- 26만 1,000 톤; 과자류- 5만 4,700 톤; 전기전력- 4,370만 kv/시간; 우유가공제품- 26만 4,000톤 등이다.

2) 농업

스베르들로프스크주는 농업부문에 있어서도 공업에 못지않게 풍부한 생산량을 자랑하고 있으며 여러 가지 면에서 농업 입지요건이 훌륭하다. 그래서 스베르들로프스크주의 농공단지에는 2000년 현재 756개의 여러 다른 형태의 농업관련 기업이 있으며 그 중 농업종사기업은 345개이고, 식품가공기업은 155개, 그리고 259개의 농업관련 보조기업들이 있다.

스베르들로프스크주의 전체적인 농업부문의 조망을 위해 농업생산량과 총 농업생산액 중 작물관련 생산액 그리고 총 농업생산액 중 가축관련 생산액, 농업생산 지수를 알아볼 필요가 있다. 연도별로 추이를 보면 다음과 같다.

농업생산량 추이

항목 \ 년도	1997	1998	1999	2000
총농업생산액	7,847.6	8,003.6	14,886.1	16,857.3
작물관련 생산액	3,952.7	3,947.2	7,766.9	8,232.0
가축관련 생산액	8,394.9	4,056.4	7,119.2	8,625.3
농업생산 지수	102	93	106	98

http://www.infostat.ru/epub.htm(검색일: 2003.1.10).

스베르들로프스크주에서 농업을 평가해 볼 수 있는 척도로 파종면적을 살펴볼 필요가 있다. 총 파종면적은 2000년 기준으로 1,175,100 헥타르이고 파종되는 주요한 종류와 그것들의 비중은 다음과 같다.

사료용 식물재배- 49.0%로 거의 절반을 차지; 곡물재배- 43.1%로 큰 비중을 차지; 감자와 기타 채소 등- 7.8%; 특용작물- 0.1% 등이다. 사료용 작물과 몇 가지 곡물이 주요 파종대상이 되고 있다.

스베르들로프스크주에는 충분한 양의 고기가 생산되고 있으며 2000년 말 기준으로 사육되는 소의 양은 46만 6,800 마리이고 그 중 암소는 226,900 마리이며 돼지의 수는 231,900 마리이다.

3) 자원 등 기타

스베르들로프스크주의 토지자원은 풍부하지는 못하다. 전체적으로 농경을 위한 토양의 경우는 그 비율이 21.4%로 매우 낮다. 이는 토양의 성질이 산성화되어 있고 영양분이 매우 적어 석회분비료의 공급을 필요로 하기 때문이다.

스베르들로프스크주의 산림은 전 면적의 2/3에 해당하며 산림가공은 300년 이상 지속해오는 중요한 산업에 속하고 있다. 이 지방의 산림은 전체 러시아의 산림의 1.5%에 해당하고 산림가공면에서는 5%에 달하고 있다. 따라서 이 지역의 산림은 급격히 감소하고 있는 실정이다.

스베르들로프스크주는 오랜 세월동안 철, 구리, 니켈, 망간, 보오크사이트, 용제 등의 많은 유색, 흑색 금속원료와 석탄 및 이탄들의 동력자원이 풍부하였다. 이 자원들을 구체적으로 살펴보면 러시아 전체에서 채굴되는 보오크사이트의 71%, 온석면의 61%, 철광석의 23%, 바나듐의 97%, 구리의 6%, 니켈의 2%, 내연성점토의 20%를 차지하고 있는 막대한 자원의 원천이다.

도토나 벽돌점토, 건축모래, 대리석 등 건축용자재의 원료부분에서는 실제적으로 그 매장량이 무한한 것으로 알려져 있다. 금과 백금, 보석용 재료 등도 풍부하며 희귀토양 원소도 많이 비축되어 있다.

스베르들로프스크주에는 철광의 매장지가 23개나 있으며 그 매장량은 79억 톤으로 증명된 바 있다. 매년 4,900만 톤이 채굴, 수출되고 있다.

석유가스 매장지는 스베들로프스크주의 남서부와 북동지역에 위치하고 있으며 이미 30년 전에 발견이 된 곳들로 현재 활발히 채유되고 있고 향후 5년 동안 계속될 전망이다. 이 외 석유의 비축량은 2억 4,000만 톤에 달하고 가스의 경우 3,900억㎥에 달하는 것으로 알려져 있다.

스베르들로프스크주에는 총 18,414개의 강이 있으며 전체의 길이는 6만 8,000km에 달한다. 이 강들을 토대로 하여 전체적으로 135개의 각종 저수지가 건설되었고 그 물의 양은 24억 8,200만 ㎥에 달한다. 이 외 1,200개의 못에는 약 700,000㎥의 용수가 있고 2,500개의 호수의 면적은 1,100㎢에 달한다. 이 강과 못 등은 어로를 위한 주요 장소들로 주로 담수어, 잉어, 붕어, 흑룡강산 잉어 및 크기가 작은 기타 어류들이 많이 잡히고 있다.

스베르들로프스크주에는 40여 종의 포유류가 서생하고 있다. 210여 종은 조류로 그 중 30여 종은 물에서 헤엄치는 종류들이다. 숲 속에 서생하는 동물의 종류는 다람쥐와 토끼, 큰 사슴이 주류를 이루고 있다. 그러나 빈번한 벌목 등 다른 이유들로 인하여 많은 종류의 모피수와 가치 있는 조류들이 현저히 줄어들고 있는 실정이다. 특히 담비와 사향쥐, 해달, 흑담비, 비바 등의 동물은 그 수가 매우 많이 감소하였다.

V. 문화시스템

1. 지역정체성

1) 인구

2001년 현재 스베르들로프스크주의 인구는 총 4,573,000명으로 러시아연방 전체의 3.15%에 해당하며, 89개 연방주체 중 5위를 차지하고 있다. 그러나 스베르들로프스크주 또한 90년대 초부터 다른 여느 연방주체와 마찬가지로 인구감소 현상을 겪고 있으며, 2001년 현재 인구감소율은 1990년 대비 4.21%(201,000명)이며, 그 주된 요인은 높은 사망률과 낮은 출생률에 있다. 인구의 87.5%가 도시에 거주함으로써 인구의 도시집중현상이 매우 두드러진다.

스베르들로프스크주 인구변동 추이

연도	1990	1992	1993	1994	1995	1996	1997	1998	1999	2000	2001
인구수 (1,000명)	4,774	4,765	4,743	4,712	4,693	4,667	4,660	4,647	4,631	4,602	4,573

Российский статистический ежегодник. М., 2001. С. 83.

스베르들로프스크주의 인구는 6, 70년대를 지나 80년대 말에 이르러 꾸준한 증가세를 보인 후 90년대 이후 최근까지 꾸준하게 감소하고 있다. 비록 러시아연방의 다른 지역 및 CIS 지역으로부터의 전입자가 꾸준히 늘고 있지만, 2000년 현재 출생률의 2배를 상회하는 높은 사망률에 비해 출생률이 지나치게 낮은 추세가 지속되는 것으로 보아 인구감소 현상은 크게 개선되지 않을 전망이다.

스베르들로프스크주 출생자수, 사망자수, 자연증가율

연도	출생자수(명)	사망자수(명)	자연증가율(명)
1990	57,686	52,978	4,708
1992	44,688	59,733	-15,045
1993	39,983	70,604	-30,621
1994	42,419	78,566	-36,147
1995	40,003	73,048	-33,045

1996	38,764	68,683	-29,919
1997	37,651	65,166	-27,515
1998	39,294	64,731	-25,437
1999	36,894	70,965	-34,071
2000	38,372	75,579	-37,207

Россий ский статистический ежегодник. М., 2001. С. 117.

2000년 현재 스베르들로프스크주의 경제활동인구는 전체인구(4,602,000명)의 50.58%이며, 그 중 취업률은 90%, 실업률은 10%에 달한다. 이러한 실업률은 1997년 경제위기를 계기로 급등하여 1999년 13.8%에 달한 후 2000년부터 하락하기 시작했다. 하지만 경제상황이 급속히 개선되지 않는 한 이러한 고실업사태는 당분간 지속될 전망이다.

스베르들로프스크주 경제활동인구(취업자, 실업자), 실업률

연도	경제활동인구 (1,000명)	취업자수 (1,000명)	실업자수 (1,000명)	실업률(%)
1992	2,446	2,315	131	5.4
1993	2,378	2,229	148	6.2
1994	2,323	2,133	191	8.2
1995	2,370	2,170	201	8.5
1996	2,341	2,142	199	8.5
1997	2,284	2,050	234	10.2
1998	2,229	1,995	234	10.5
1999	2,308	1,990	318	13.8
2000	2,328	2,095	233	10.0

Россий ский статистический ежегодник. М., 2001. С. 138.

2) 민족

스베르들로프스크주의 민족 구성을 보면, 1994년 현재 러시아인이 90.2%로 절대다수를 차지하고, 뒤를 이어 따따르인 3.8%, 우끄라이나인 1.4%, 바슈끼르인 0.8%, 마리인 0.6%, 독일인 0.5%, 벨라루스인 0.5%, 우드무르트인 0.4%, 유태인 0.3%, 추바슈인 0.2% 등 120여 민족으로 구성되어 있으며, 1989년 인구센서스 이후 민족 구성 비율이 거의 변화가 없는 추세이다. 이는 주 내에 민족 간 분쟁이 없음을 반증한다.

3) 교육

스베르들로프스크주의 주도 예까쩨린부르크는 모스크바, 쌍트 뻬쩨르부르크, 노보씨비르스크 다음가는 제 4의 과학도시이다. 주에는 18개의 과학아카데미 연구소, 100개 이상의 과학기술 연구소 및 설계연구소, 17개의 고등교육기관이 소재하고 있으며, 그 외에도 과학기술 실습을 위한 100여개 이상의 소규모 기업이 활동 중이다.

주에는 40명의 과학아카데미 회원 및 준회원을 포함한 6,000여명의 박사급 전문 인력이 활약하고 있다.

1993년부터 주정부는 과학기술 발명품에 대한 주문과 재정지원을 하고 있다. 매년 지역 간 전시회 '우랄 - 컨버전, 사이언스, 비즈니스'가 개최되고 있다.

2. 지역문화

1) 문화 개괄

스베르들로프스크주의 주도인 예까쩨린부르크는 극장과 박물관, 재능 있는 작가와 예술가, 영화 제작자, 건축가, 음악가들의 도시이다. 예까쩨린부르크의 문화의 역사는 주가 탄생한 처음부터 시작했기 때문에 대단히 풍부하고 다양하다.

18세기에 광업 학교가 설립되었고 19세기 초에는 도시에서 최초의 도서관이 문을 열었고 최초의 인쇄소가 활동하기 시작했다. 1825년에 광물 학술 연구회가 조직되었고 이 단체의 주창에 따라 1834년에 광물 박물관이 열렸는데 시간이 지남에 따라 이 박물관은 러시아에서 가장 큰 지하자원과 광물의 견본들을 보관하는 박물관이 되었다. 당시 예까쩨린부르크에는 또 하나의 학술기관인 기상관측소가 설립되었는데 이곳은 커다란 실천적 의미를 가지고 있는 곳이다.

1843년에 도시에서는 소꼴로프 연극배우진이 탄생했는데 몇 년이 지나서 이 배우진들을 위해서 일번 가에 특별한 건물이 세워졌다(이 건물은 지금의 영화관 '10월'이다). 또 당시에는 예술적인 주철주조와 그림, 조각 석조예술이 빠르게 발전했다.

1870년에 예까쩨린부르크에는 자연과학을 사랑하는 우랄회가 만들어졌고 20세기 초에는 우랄 기술자들과 우랄 화학자회가 결성되었다. 이 모임에는 시의 대표자들이 참가하고 있으며, 이 모임은 지역을 다방면에 걸쳐서 연구하는 것과 지역 주민사이에 지식을 확산시키는 것, 학술적인 전시회를 개최하는 것을 목적으로 하고 있다.

이 회에 의해 모아진 풍부한 수집품들은 주 지지박물관의 기초가 되었다. 이 지지박물관은 2001년 1월에 건립 130주년을 맞이했다. 주의 수백 개의 건축 기념물들은 예까쩨린부르크의 간단하지 않은 역사에 대해서 말하고 있으며 그들 중 많은 것은 세계 건축-도시 건설 문화의 명작들로 여겨지고 있다.

시의 미관 장식을 위해서 건축가 말라호프가 적지 않은 일을 해냈으며 그의 건축 계획에 따라 푸른 공원 거리 만들기 사업이 진행되었다. 오늘날에는 두개의 수목 공원이 매우 아름납게 노시의 모습을 장식하고 있다. 가장 크고 새로운 공원들은 야스느이 거리에 있는 브르끄스므 50주년 기념 공원과 삐오네르스크(Пионерск) 거리에 있는 오스노빈스크(Основинск)공원이다. 푸른 거리 만들기 사업의 중심은 역사 공원 네거리이며 이곳에서 주요 도시 경축일 기념식과 페스티벌이 개최되고 있다.

예까쩨린부르크 시의 그린벨트는 14개의 숲과 공원을 포함하고 있는데 그 전체 면적은 12,500헥타아르이며 우끄뚜스끼(Уктусский)공원, 레소보드(Лесовод)공원, 샤르따쉬스끼(Шарташский)공원 등이 속한다. 푸른 도시 만들기 사업으로 도시의 광장들은 독특한 모습을 띠게 되었는데 파리 꼬뮨 광장, 노동 광장, 공산주의자의 공원, 꼼솔몰 공원 등이 그것이다.

예까쩨린부르크에는 7개의 극장과 극센터, 무용 단체, 필하모니, 서커스, 동물원, 77개의 대중 도서관, 23개의 어린이 음악, 무용 학교가 있다. 우랄 러시아 민중 합창단과 러시아뿐만이 아니라 외국에서도 유명한 다른 많은 예술 단체들이 활동하고 있다.

도시는 넓은 문화-계몽 단체연합을 가지고 있다. 시에는 20개가 넘는 영화관이 있다. 또 영화 대부 위원회 '끼노-아세(Кино-асе)'가 활동하고 있으며 이들과 주요 영화관, 영화 대부 회사와의 협력은 관객들에게 가장 최신의 예술 영화와 여러 가지 형태의 비디오, 연극들을 접할 수 있는 기회를 주고 있다.

2) 문화시설

(1) 스베르들로프스크주 지지 박물관

박물관은 '우랄 자연과학 애호가회'에 의해 1870년 12월 29일 창립되었고 1925년에 정부의 결정에 따라 국립으로 바뀌었다. 이 박물관은 1979년부터는 박물관 통합체로 활동하고 있다.

이 박물관의 구성원은 예까쩨린부르크에 있는 주요한 박물관들과 스베르들로프스크주에 있는 11개의 박물관 지부들이다. 박물관 전시실은 50만 점도 넘는 기념물을 소장하고 있는데 그들 중에는 커다란 쉬기르스크 동상(세계의 박물관에서 가장 오래되고 가장 큰 조각품)과 네뱐스크 성상화의 수집품들, 예술 조각품들, 고전(古錢) 수집품들, 독특한 석기 시대의 유물들이 있다. 박물관의 희귀서 전시실은 매우 귀한 고서들을 소장하고 있는데 예를 들면 따찌쎄프의 서명이 있는 책들과 필사본, 16세기-18세기의 오래된 고서들이 있다.

(2) 국립아카데미 드라마 극장

1917년 혁명전까지는 예까쩨린부르크의 극단 경영과 객연 드라마 배우진들을 위한 '황금의 시기'였다. 배우진들은 예까쩨린부르크로 매우 자주 왔으며 1947년에는 객연 배우들을 위한 특별한 건물이 지어졌다.

1928-29년에 스베르들로프스크에서는 극단 '붉은 횃불(Красный факел)'이 활동했다. 1990년에 극장은 10월 광장 2번지에 있는 새로운 건물로 이사했다. 1990년에 들어와서 새롭게 젊은 배우진들이 충원되었다. 아브지에프와 아울로프 같은 연출가와 러시아 정부 상을 받은 빠쉬닌, 류비모프가 극장의 협력자로 활동하고 있다. 1998년에는 블라지미르 구르핀껠(Владимир Гурфинкель)이 극장의 주 감독이 되었다.

국립 드라마 극장의 전경

스베르들로프스크 드라마 극장의 최근

레퍼토리에는 20개가 넘는 작품들이 상연되고 있고 이 중에는 비평가와 관중들의 특별한 관심을 끄는 연극들이 있는데 체홉의「바냐 아저씨」, 고리나의「추모회의 기도회」,「러시아의 국민 우체국」등이 그것이다.

1995년에 스베르들로프스크 극장은 국제 페스티벌인 '꼴랴다가 놀다'를 열었고 이 페스티벌에 러시아의 유명한 극장들과 많은 외국 극단들이 자신들의 작품들을 올렸다.

야말-네네쯔 자치구

Ямало-Ненецкий Автономный Округ

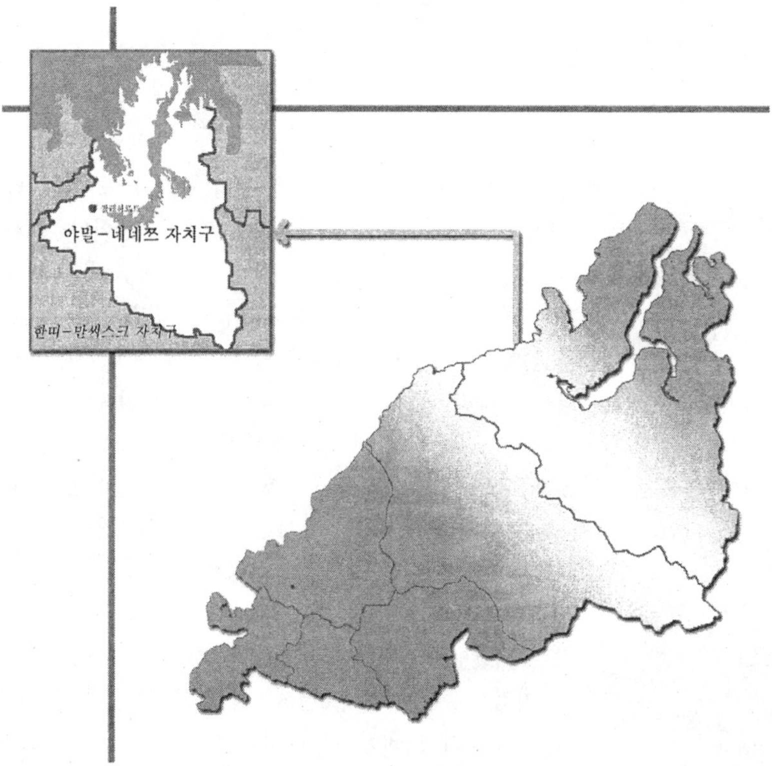

Ⅰ. 개황

1. 기초정보

수도: 쌀레하르트(Салехард)
인구: 505,000명(2001년 현재: 러시아연방 전체의 0.34%, 89개 주체 중 72위)
인구밀도: 0.67명/㎢
면적: 750,300㎢(러시아연방 전체 면적의 4.39%; 89개 주체 중 5위)
소속지구: 우랄연방지구; 서 시베리아 경제지구
한국과의 시차: -4시간

2. 상징

야말-네네쯔 자치구 문장

야말-네네쯔 자치구의 문장은 문장의 방패와 그 위에 씌워진 왕관을 두 마리의 북극곰이 받치고 있는 형상이다. 푸른색 바탕에는 흰색 북부지방 사슴이 걷고 있는 모습이 묘사되어 있으며, 사슴 우측 상부에는 북극성이 떠 있다. 문장 방패는 지방의 전통적인 왕관이 씌워져 있다. 입이 붉고, 코와 손톱이 검은 두 마리의 곰은 은빛 얼음괴위에 서 있으며, 얼음괴는 자치구의 깃발에 묘사된 3색(백색, 청색, 적색) 리본으로 장식되어 있다. 문장에 사용된 색상은 백색, 청색, 적색 등 3색 및 황색이다. 청색은 위대함과 아름다움, 하늘과 물(바다, 하천, 호수), 황색은 부와 정의, 관대, 백색은 청결, 선(善), 독립, 밝은 사상, 흰 눈 등을 각각 상징한다.

야말-네네쯔 자치구기

야말-네네쯔 자치구 기는 가로, 세로 3:2 비율의 밝은 청색의 장방형 천으로 되어 있다. 하단부로부터 1/7지점을 기점으로 3색(백색, 청색, 적색) 문양이 가로지르고 있다. 문양의 너비는 깃발 너비의 1/5이다. 야말-네네쯔 자치구 기는 1996년 12월 9일 채택되었다.

3. 주요도시

노야브리스크(Ноябрьск) 인구 97,000명; 북위 63°10′, 동경 75°37′
노비 우렌고이(Новый Уренгой): 인구 89,800명; 북위 66°5′, 동경 76°31′
나딤(Надым): 인구 45,200명; 북위 65°32′, 동경 72°31′
무라블렌꼬(Муравленко): 인구 36,400명; 북위 63°54′, 동경 74°34′
쌀레하르트(Салехард): 인구 32,900명; 북위 66°32′, 동경 66°35′
라비트난기(Лабытнанги): 인구 26,700명; 북위 66°40′, 동경 66°25′
(인구: 2002년 현재)

4. 주요 산업 및 농업

자치구의 주요 산업으로 연료산업이 발달했으며, 농업부문은 사슴, 모피용 동물사육, 모피산업 등이 발달했다.

Ⅱ. 자연환경

1. 지리적 위치와 구성

야말-네네쯔 자치구는 7개의 행정구, 6개의 시, 9개의 도시형마을, 42개의 농촌마을로 구성되어 있으며, 서 시베리아 평원, 오피강 하류에 위치하며, 쭈멘주에 소속되어 있다.

주요 하천은 오피(Обь), 나딤(Надым), 따스(Таз), 뿌르(Пур)강 등이다.

수도 쌀레하르트시와 모스크바 간의 거리는 2,436㎞이다.

2. 기후조건

북극기후대, 대륙성 혹한기후

1월 평균기온: -22 ~ -26℃

7월 평균기온: 4 ~ 14℃

연강수량: 200 ~ 400㎜, 600 ~ 700㎜(극지 우랄)

식물 생장 기간: 80일(남부 지역)

식생: 툰드라, 삼림과 툰드라의 중간 지대

토양: 점토성 염분회색토, 염분회색토성 소택지 토양

삼림분포도: 21%

3. 주요 유용광물

원유의 채굴과 증기 응축에 의한 가스 채굴(러시아 연방의 1/10을 차지하는데 이는 한띠-만씨스크 자치구에 이어 두 번째 위치에 해당하는 것이다)로 알려져 있다. 야말-네네쯔 자치구는 가스 채굴의 가장 강력한 기지다. 이탄과 석탄 매장지도 있다.

주요 산지:

가스와 그 부수적인 원유의 매장 및 채굴지: 북-우렌고이스크, 노비 우렌고이, 메드베지예, 자뽈랴르노예, 구브낀스꼬예, 빈가뿌로프스크.

가스: 얌부르그스크.

Ⅲ. 정치시스템

1. 역사

현재의 자치구 영토에 인간이 살기 시작한 것은 중석기시대이다. 청동기 시대, 기원전 3천 년경 오비강과 따스강변에 수렵에 종사하는 첫 번째 인간이 나타났다. 기원전 천년 말 - 이천년 초 남부지역에서부터 여기로 우랄어 계통의 민족이 이주해왔고 이들은 사슴을 사육했다. 툰드라와 북부 타이가 지대의 토착민들과 이들 민족이 합쳐지면서 넨쯔가 생겨났고 이들을 사모예드인이라고 불렀다. 이들과 동류인 엔쯔와 느가나산 민족이 또한 등장했다.

연대기 역사에서 한띄의 민족체와 넨쯔에 대한 첫 기록은 11세기에 나타났다. 노브고로트 상인들은 이 지역을 유그라 땅이라고 불렀다. 유그라의 풍요로움에 대해서는 여러 전설이 내려온다. '야생의 동물원', '곳간의 부드러운 잡동사니들'은 상인들과 군인들을 이끌었다. 러시아족이 야말의 땅에 정주하기 시작한 때는 11세기이며, 이곳에서 노브고로트 상인들이 소상품들을 생산하면서 등장하게 되었다. 노브고로트인들의 중요한 기반이 된 것은 만가제야였다.

1187년부터 오비강의 하류지방은 노브고로트 대공국에 소속되었으며 그 몰락이후에는 모스크바 대공들에게 넘어갔다. 16세기 말부터 야말에는 까자크들이 새로운 방어선을 건설했다. 1595년에 까자크 요새가 건설되었고 이 시기에 오브도르스끄라는 명칭을 갖는 역시 비슷한 요새가 시베리아의 북부에 세워졌다. 1601년에 따스강에는 요새도시 만가제야가 생겼으며 만가제야는 현물세 징수의 주요한 기반으로 변했다. 만가제야의 쇠락과 함께 오브도르스끄의 역할이 증대했으며 오브도르스끄는 1635년에 '오브도르스끄 관문'이라는 명칭을 얻고 상주인구를 갖게 되었다. 러시아 국가의 소속으로 유그라가 포함된 것은 발전적 의의를 갖는다. 옵스끄 북부의 민족체들과의 견고한 경제적 관계의 확립은 러시아의 힘의 성장과 연관된다. 모피제품의 등장은 보완적 통화기반을 제공했고 외국과의 교역을 확대시켰다.

오브도르스끄는 오랫동안 러시아 북부에서 러시아족이 거주하는 마지막 지역으로 남아있었다. 1730년에 여제 안나 이바노브나의 명령에 따라 그 주변에는 방어선이 세워졌다. 이 지역에서는 모피, 가죽을 비롯하여 민물고기부레로 만든 아교라든가 새의 깃털로 만든 펜, 수공으로 만든 의류 등이 유통되었고, 유명한 오브도르스끄의 정례시장(ярмарка)이 이것에 기여했다. 20세기 초에는 수산물 유통이 발전했다. 내전이후에 새로운 권력은 생필품 납품의 조직화, 북부지역 상품의 교역과 발전을 주요과제로 했다. 그러나 1930년대 말에야 겨우 어획량이 1913년 수준에 도달했다.

19세기 20년대부터 오브도르스끄의 러시아족은 상시적 거주에 힘을 쏟게 되었다. 그와 함께 학교체계가 조직되었고 클럽, 도서실, 보건소와 새로운 (사냥꾼과의) 거래소가 문을 열었다. 1926년에는 토착민들의 첫 번째 소비에트가 선출되었다. 1927년에는 토착민의 다섯 개의 라이온 집행위원회가 구성되며 이는 다시 분여지, 종족, 어업 소비에트로 나눠진다. 비슷한 성격을 갖는 이 모든 행정기관들은 1930년대 말까지 존속했다.

야말-네네쯔 구는 다른 많은 민족지구들과 함께 1930년 12월 10일 구성되었다. 구는 그 역사의 상당부분이 다른 행정지역 소속이었다. 구성시기부터 구는 우랄주, 그 다음에는 옴스크주에 들어갔다. 1944년 쭈멘주가 구성되면서는 그 소속으로 들어갔다. 과거에 구의 영토는 또볼스끄현 소속이었고, 그것은 대략적으로 현재의 쭈멘주의 영토와 맞먹는다. 전연방 인구조사 자료에 따르면 1939년 구의 주민은 45734명이었고 여기에는 15438명의 유목민이 포함된다.

전쟁이전 시기 구의 경제의 주요부문은 수산업이었다. 기반부문으로서 사슴사육은 생산물 상품성의 향상, 고기와 가죽 준비의 향상에 따라 발전되었다. 또한 보다 빠른 속도로 모피생산이 성장했는데, 1931년부터 1940년에 걸쳐 10배가 증가했다. 이 기간에 지역을 위해 전혀 새로운 부문이 발전하기 시작했는데 농산물 재배가 그것이다. 1940년에 구에서는 363톤의 감자와 261톤의 야채가 수확되었다. 1949년에 야말, 라비뜨난기로 철도가 놓여졌다. 전기, 전화, 우편을 통한 통신수단의 근본적 전환이 일어났다. 1964년에는 구의 라디오가 첫 방송을 시작했고 1968년에는 텔레비전 방송이 시작되었다.

1950년대부터 야말에서는 가스와 석유의 거대한 매장지가 개발되었고 이전에는 시베리아의 먼 지역으로 생각되었던 구는 가스채굴의 중심으로 중요한 산업적 의의를 획득하게 되었다. 야말의 가스와 석유는 현실이 되었고 끝없이 광활한 타이가와 툰드라 지대에서 잊어버렸던 작은 마을들의 이름, 즉 나딤, 노비 우렌고이, 노야르스끄는 이제 전세계에 알려졌다. 구의 수도의 현재적 명칭 살레하르트는 네네쯔어로 '곶위의 집(жилище на мысу)'으로 번역된다.

2. 정치

1) 정치일반

야말-네네쯔 자치구 집행권력의 최고기관은 자치구 행정부이다. 자치구 행정부는 자치구 지사가 구성하고 지휘한다. 자치구 지사는 자치구의 행정 수반으로서 행정부 활동의 기본적 방향, 예산, 재정, 신용, 화폐, 통화체계의 문제, 국가재산의 운영, 북부의 소수민족의 생활과 활동문제를 정하고 자치구 헌법이 정한 다른 문제들을 결정한다. 또한 주요 위원회와 부서의 활동을 직접 조정하고 연방 안보국, 연방 국경수비대, 국방부, 조직범죄와의 투쟁에 관한 지역담당, 국세청, 연방 세금경찰, 검찰, 법원의 지역구조의 활동과 관련된 문제들을 심의하며 자치구의 민간 방위를 지도한다. 자치구 지사는 네욜로프로서 1994년에 임명되었고, 1996년에 선출되었다.

야말-네네쯔 자치구 입법권력의 최고기관은 자치구 국가두마이다. 자치구 국가두마선거는 1996년 10월 성립되었고, 다시 2000년 가을에 실시되었다.

2) 선거

2000년 3월 26일 야말-네네쯔 자치구의 지사 선거가 성립되었다. 이 직위에는 3명이 입후보했다.

후보별 득표

후보명	당시 주요경력	득표율 (%)
네욜로프(Неёолов Ю.В.)	야말-네네쯔 자치구 지사	88.10
따따르축(Татарчук Г.А.)	야말-네네쯔 자치구 관할 연방 취업담당국의 부장	1.91
또듸르꼬(Тодырко Н.Я.)	지역 국영기업 <Тюменьаэроконтроль> 이사	1.51

http://www.yamal.intergrad.ru/vlast.html 선관위 사이트

선거에는 유권자의 68.66%가 참여했고 모든 후보에 대한 반대에는 7.72%가 투표했다. 현직 주지사인 네욜로프가 압도적 득표로 승리했다.

Ⅳ. 경제 시스템

1. 경제개황

야말-네네쯔 자치구는 7개의 연방지구 중 우랄연방지구에 속하고 12개의 러시아 경제지역 중 서시베리아 경제지역에 속한다. 야말-네네쯔 자치구는 광활한 지역을 소유하고 있고 가스자원이 풍부하게 생산되고 있다. 특히 카르스크해에 인접해 있는 야말반도와 대륙 사주가 매우 전망 있는 곳으로 평가되고 있다.

실제로 야말-네네쯔 자치구의 주요 경제활동은 가스와 석유의 채굴과 거의 직결되어 있다. 실제 공업 부문별 구조를 분석해 보면 연료공업이 93.8%로 거의 모든 공업생산량을 차지하고 있다. 그 연료공업의 내용을 분석해보면 가스생산이 56.3%를 구성하고 있다.

야말-네네쯔 자치구의 러시아대비 주요 생산품 비율을 보면 가스는 러시아 대비 90%를 생산하고 있고 석유는 약 12%정도를 생산하고 있어 이 부문에서의 위상이란 정말로 독보적이라 할 수 있다. 그리고 주요 생산지역으로는 하딤시와 노비우렌고이시를 들 수 있다.

그 외 야말-네네쯔 자치구에는 잘 알려지지는 않았지만 충분한 양의 가스를 가지고 있어 탐사·개발되고 있는 곳도 약 76개 산지나 된다. 이 중 가장 큰 곳으로 주목받고 있는 가스산지로는 끄루젠시쩨른스크와 남 땀베이스크, 그리고 북 땀베이스크 등을 들 수 있으며 이들의 총 가스축적량은 약 30%정도에 이르고 있다.

반면 야말-네네쯔 자치구의 농업은 거의 없다고 할 정도로 상대적으로 적은 규모이다. 그것은 가축사육과 작물재배 모두에서 그러하며 특히 작물재배는 자연적 조건, 지리적 조건 등으로 인해 거의 발달하지 못해왔다.

야말-네네쯔 자치구의 거시경제지표들을 살펴보면 지역총생산은 통계에 잡히지 않는다. 그것은 공업의 가스석유의 채굴에 의한 생산량을 제외하고는 통계에 잡히는 실물량이 거의 없기 때문이다. 그런데 공업생산량은 1.8%를 기록하고 있고 농업은 0.03%로 거의 존재를 확인하기가 어렵게 되어 있다.

야말-네네쯔 자치구의 기업통계에 대해 알아보면 전반적으로 기업의 수가 여타 지역에 비해 상대적으로 매우 적게 나타나고 있다. 총 기업수와 소 기업수 그리고 공업활동 기업수의 표를 살펴보면 다음과 같다.

기업수 추이

항목 \ 년도	1997	1998	1999	2000
총기업수(년말)	8,208	8,362	8,714	9,133
소기업수(년말)		2,954	2,589	2,616
활동기업수	322	327	235	222

http://www.infostat.ru/epub.htm (검색일: 2003.1.10)

2. 산업

1) 공업

야말-네네쯔 자치구의 전체적인 공업생산의 성적을 알아보기 위해 총 공업생산량과 공업생산지수를 연도별로 살펴볼 필요가 있다. 특히 2000년에 매우 높은 성적을 기록하고 있음에 주목된다. 표로 살펴보면 다음과 같다.

총 공업생산량 추이

항목 \ 년도	1997	1998	1999	2000
총 공업생산량	32,924	35,254	43,292	75,784
공업생산 지수	98	99	99	102

http://www.infostat.ru/epub.htm (검색일: 2003.1.10)

야말-네네쯔 자치구의 공업은 가스와 석유의 채굴이 중심이 되고 있으며 이 채굴된 가스의 운송은 대기업인 가스프롬(OAO 'Газпром')에 의해서 행해지고 있다. 이 기업이 가스관련 컨트롤러의 역할을 하고 여타 기업들이 이 기업의 조종에 의해 기능에 따른 활동을 하고 있다.

야말-네네쯔 자치구의 석유는 노야브리스크시에 있는 홀모코르스크와 수토린스크 매장지로부터 개발되어 지는 것이 대부분이며 개발을 진두지휘하고 있는 기업은 '노야브리스크 석유·가스(Ноябрькснефтегаз)'와 '노야브리스크 석유지질조사(Ноябрьскнефтегеологоразведка)'이다. 이 기업들은 1995년에 '시브석유 주식회사(компанию Сибнефть)'로 합병되어 활동하고 있으며 이

기업은 석유축적량의 50%이상을 가지고 있는 33개의 유전에서 독점생산을 맡고 있다.

야말-네네쯔 자치구의 영토에는 약 3,600개의, 미개발이지만 매장이 유력한 석탄층이 있는 것으로 추산되며 이 중 40개 정도는 동시에 가스가 매장되어 있을 것으로 추정되고 그 추정량은 약 1,000억 ㎥이다. 또 약 30개 정도는 석유가 있을 것으로 추정되고 그 양은 약 3,000만 톤으로 추정되고 있다.

야말-네네쯔 자치구의 공업의 부문별 비율을 알아보는 것은 전체 공업을 균형 있게 파악하는데 필수적인데, 그 문제점으로 연료공업의 발전에 비해 여타 공업이 지나친 불균형적 발전의 형태를 취하고 있다는 것을 들 수 있다. 여타 부문의 비율을 표로 살펴보면 다음과 같다.

주요 공업생산부문별 생산비율

생산부문	야말-네네쯔 자치구 총공업생산 비율
전기전력	3.9%
연료공업	93.8%
기계제작·금속가공	0.6%
목재가공, 종이·펄프	0.1%
건재공업	0.6%
경공업	0.1%
식품공업	0.7%
기타	0.2%

http://www.infostat.ru/epub.htm (검색일: 2003.1.10)

2) 농업

야말-네네쯔 자치구의 농업은 매우 저조하다. 그 이유는 농업을 위한 토양도 좋지 않을뿐더러 기후도 농작물과 가축사육에 적절치 않기 때문이다.

야말-네네쯔 자치구에서는 공업에서 언급되었던 가스석유 채굴산업 외에도 농업과 관련된 몇 개의 산업부문이 발전되어 있는데 그것은 어업과 모피업, 짐승사육, 그리고 사슴사육 등이다.

야말-네네쯔 자치구의 농업을 조망하기 위해 총 농업생산량과 가축·작물 생산량, 그리고 지수를 살펴보면 다음과 같다.

농업생산량 추이

항목 \ 년도	1997	1998	1999	2000
총농업생산액	133.7	182.7	205.1	243.8
작물관련 생산액	20.1	28.6	35.1	52.3
가축관련 생산액	113.6	154.1	170.0	191.5
농업생산 지수	93	114	78	106

http://www.infostat.ru/epub.htm (검색일: 2003.1.10)

야말-네네쯔 자치구의 농업 중 상대적으로 많이 생산되고 있는 것은 감자와 채소이고 사료용 식물도 재배되고 있다. 그러나 여타 지역에서 경쟁력을 갖는 곡물이나 특용작물은 거의 재배되지 않고 있다. 야말-네네쯔 자치구의 총 파종면적은 10만 6,000 헥타르이고 이 중 64.0%를 감자와 채소의 파종에, 36.0%를 사료용 작물파종에 토지를 사용하고 있다.

2000년 말 기준으로 소가 2,100 마리 사육되고 있고 그 중 1,000 마리가 암소이다. 또 야말-네네쯔 자치구에서 약 8,700 마리의 돼지가 사육되고 있어 작물재배보다 가축사육의 양이 훨씬 더 많다.

3) 자원 등 기타

야말-네네쯔 자치구는 서시베리아의 평원지대에 자리 잡은 지역으로 북극지대, 준 북극지대, 서시베리아지대 등 주로 세 개의 기후지대에 놓여 있다. 이 지역의 기후에 영향을 끼치는 요인으로 수십 년에 걸쳐서 진행되어 온 동한과 추운 까르스 해안과의 근접성, 많은 늪과 호수, 강 등이 있다.

야말-네네쯔 자치구는 극심한 대륙성기후를 나타내고 있다. 1월의 평균온도는 영하 22-26도에 이를 정도로 혹독한 겨울날씨를 보인다. 이에 비하여 여름의 경우는 영상 4도에서 14도를 나타내고 있으며 평균 강수량은 년 200-400mm이다.

식물계는 툰드라와 숲 툰드라이고 야말-네네쯔 자치구의 남부와 강의 연안부근은 숲지대로 주로 시베리아 활엽수와 전나무, 서양삼나무 등이 서식하고 있다.

야말-네네쯔 자치구를 흐르는 주요한 강으로는 오비강과 뿌르강, 나딤강이 있고 이 외 많은 호수와 늪이 있다. 호수는 총 5,000개를 상회하며 주요 호수로는 야라토, 네이토, 얌부토 등이 있으며 대부분의 호수 길이는 수백 미터에 불과한 크지 않은 호수들이다. 그러나 직경이 10-20킬로미터에 이르는 큰 호수들도 있으며 주로 10월말 경에는 얼어붙어 여름의 중순에 이르러서야 해빙이 된다.

야말-네네쯔 자치구에는 석유와 가스가 발굴되고 있다. 이 외 광원료도 풍부하며 특히 서부지역에는 많은 가치 있는 자원들이 채굴되고 있다. 그 종류로는 금, 납, 여러 종류의 희귀한 대리석, 인회토, 중토, 석회석 등이 있고 유색 및 희귀 금속인 보오크사이트, 구리, 크롬철광, 구리 몰리브덴, 구리 아연광, 철광 등이 있다.

V. 문화시스템

1. 지역정체성

1) 인구

2001년 현재 야말-네네쯔 자치구의 인구는 총 505,000명으로 러시아연방 전체의 0.34%, 89개 주체 중 72위이다. 1990년도 이래 2001년에 이르기까지 인구변화가 거의 없는 매우 안정된 상황을 보이고 있다.

야말-네네쯔 자치구 인구변동 추이

연도	1990	1992	1993	1994	1995	1996	1997	1998	1999	2000	2001
인구수 (1,000명)	504	488	474	478	488	497	500	506	507	504	505

Россий ский статистический ежегодник. М., 2001. С. 83.

야말-네네쯔 자치구의 인구자연증가율은 90년대 초 이전의 상황에 비하면 그 폭이 둔화되고 있지만 여전히 높은 상태이며, 러시아연방 타 주체에 비하면 매우 양호한 상황이라 할 수 있다.

야말-네네쯔 자치구 출생자수, 사망자수, 자연증가율

연도	출생자수(명)	사망자수(명)	자연증가율(명)
1990	8,032	1,631	6,401
1992	6,123	2,108	4,015
1993	5,697	2,764	2,933
1994	6,274	2,998	3,276
1995	6,337	3,107	3,230
1996	6,241	3,004	3,237
1997	6,208	2,715	3,493
1998	6,395	2,544	3,851
1999	6,071	2,608	3,463
2000	5,839	2,763	3,076

Россий ский статистический ежегодник. М., 2001. С. 118.

2000년 현재 야말-네네쯔 자치구의 경제활동인구는 303,000명, 전체인구의

60.1%로 매우 높은 편이다. 자치구의 실업률은 측정을 시작한 1997년도 이래 줄곧 10%대를 유지하다가 최근 들어서 한자리수로 떨어지기 시작했다.

야말-네네쯔 자치구 경제활동인구(취업자, 실업자), 실업률

연도	경제활동인구 (1,000명)	취업자수 (1,000명)	실업자수 (1,000명)	실업률(%)
1997	323	289	35	10.7
1998	306	272	34	11.2
1999	305	274	31	10.0
2000	303	279	24	7.9

Российский статистический ежегодник. М., 2001. С. 138.

2) 민족

야말-네네쯔 자치구에는 80여 민족이 거주하고 있으며, 토착민족인 네네쯔인은 4.2%, 한띠족은 1.5%, 쎌꾸프족은 0.3%에 불과하다. 그 외에 러시아인이 59.2%로 다수를 차지하고, 나머지 인구는 우끄라이나인 17.2%, 따따르인 5.3%, 벨라루스인 2.6%, 바슈끼르인 1.4%, 꼬미인 1.2%, 몰다브인 1.1%, 추바슈인 0.7%, 아제르바이잔인 0.7%, 독일인 0.6%, 모르드바인 0.4%, 마리인 0.2% 등의 구성비를 보인다.

3) 교육

야말-네네쯔 자치구의 교육제도는 러시아연방 '교육법'과 자치구의 교육발전 프로그램에 따른 개혁과정을 걷고 있다.

자치구에서는 수사학, 생태학, 법학, 경제학, 심리학, 교제문화, 철학, 언론학 등을 포함한 190여개 과목을 교육하고 있다.

초등학교의 약 30% 이상이 다비도프(Давыдов), 엘꼬닌(Эльконин), 잔꼬프(Занков)등의 교육 시스템으로 전환하였고, 새로운 형태의 교육기관이 설립되었다.

자치구에는 37개 민족학교가 운영 중에 있으며, 북방민족의 언어 및 민족문화에 대한 교육을 실시하고 있다. 교육과정에는 민족-종교, 민족문학, 야말역사, 문화, 북방민족 문학 등이 포함되어 있다.

1996년 3월 13일자 '자치구를 위한 고급전문가 양성 대책' 101항에 따라 쭈멘, 예까쩨린부르크, 모스크바, 쌍트 뻬쩨르부르크 사범대학, 또볼스크(Тобольск), 이심(Ишим) 사범대 및 야말-네네쯔 자치구 사범대학에서 교원양성을 위한 특수 프로그램이 실행 중에 있다.

교원 양성을 위한 다양한 시스템이 개발되고 있으며, 그 일환으로 쌀레하르트, 노야브리스크 사범학교가 단과대학으로 승격되어 교원을 양성하고 있다.

2. 지역문화

이 지역의 고고학적 유물들은 높은 물질문화 수준을 가진 민족들이 니즈니 오비 강 언덕에 거주지를 만들었다는 것을 증명하고 있다. 이 지역의 흥미로운 장구한 역사는 독특한 문화 속에 구현되어 있다. 원주민들은 자연 그대로의 색깔을 소중하게 생각했으며 식물과 동물에서 온 표현수단을 민족의상에 옮겨놓았다.

가정의 아궁이를 지키는 아낙네들조차도 자수를 뜨면서 남편들이 성공적으로 사냥을 하고 고기를 잡는 것을 기대했다. 야말로 자치구의 교육과 문화적 삶의 발전에 새로운 변화의 단계가 시작된 시기는 야말로 지역이 사회주의로 편입된 이후이다.

1932-34년에 최초의 독일 극작가 이반 노보는 희곡 '샤만(Шаман)'과 '바울리 뻬에또민(Ваули Пиеттомин)'을 썼다. 1936년에 자치구의 신문에 이반 이스또민(Иван Истомин)의 최초의 시 '사슴들'이 발표되었다. 1940년에 자치구의 10개의 도서관에 5만 3천권의 책이 소장되어 있고 5개의 네네츠의 집과 8개의 붉은 문화의 집과 2개의 문화 단체가 활동 중이었다.

1945년에 자치구 정치국 산하에 문화 분과가 조직되었고 자치구의 센터에는 문화 계몽 학교가 문을 열었다. 60년대에는 특별히 문화 기구 연계망이 발달했는데 17개의 문화의 집, 39개의 지역 클럽, 2개의 민중 극장, 3개의 음악학교, 지지 박물관, 창작 단체들, 기도야모에 있는 문화적인 시설이 세워져서 활발하게 활동하고 있다. 64개의 도서관에는 50만 권의 책이 있으며 영화관에는 100개가 넘는 시설이 있다.

시인이면서 산문가인 이반 이스또민은 야말로에서 러시아 작가회의의 최초의 회원이 되었다. 재능 있는 문학가들의 새로운 층이 나타났는데 이 작가들은 레오니드 라쁘추이(Леонид Лапцуй), 이반 유간뻴니리크(Иван Юганпелик), 로만 루긴(Роман Ругин), 미꿀 슐긴(Микуль Шульгин), 쁘로꼬삐 살띠꼬프(Прокопий Салтыков) 등이다. 현재의 야말로는 북쪽의 문화 중심지이다.

이 지역은 러시아의 자치 공화국 중에서 인류학적으로 새로운 것이 있는 지역이다. 이 지역의 독특성은 야말로 네네츠 지역에서 거의 30년 동안 활동하고 있는 예까쩨린부르크 생태 대학의 결론에 의해 증명되고 있다.

주민들의 건강을 증진시키기 위해서 야말로 자치구는 가능한 모든 수단을 취하고 있으며, 지역의 스포츠 발전에도 큰 의미를 부여하고 있다. 현재 스포츠는 모든 야말로인들에게 가장 인기 있는 오락이다. 모든 시에는 종합 운동장이 있고 이곳에서 여러 가지 형태의 건강 단체와 그룹들이 어른과 어린이들의 건강에 대한 요구사항에 부응하고 있다.

전통적인 것과 함께 새로운 형태의 스포츠가 각광을 받고 있는데 예를 들면 여행이나 오토바이경주, 경마 등이 그것이다. 야말로인으로 유명한 스포츠맨들로는 스키 선수인 보리스 이스또민(Борис Истомин)과 세르게이 오블리빈(Сергей Обливин), 비딸리 따라뚜닌(Виталий Таратунин) 등을 들 수 있다.

전통적인 스포츠 형태들이 상당히 유명한데 예를 들면 북쪽 종합경기가 그것이다. 경기에 임할 시 경기자들은 주로 민족의 전통적인 의상을 하고 나간다. 북쪽 종합 경기의 기본적인 형태는 도끼를 멀리 던지기, 3중 민속 점프 경기, 긴 막대위에서 띤자 던지기, 썰매 타고 점프하기, 막대기를 들고 지그재그로 3킬로미터 가기 등이 있다.

쭈멘주
Тюменская Область

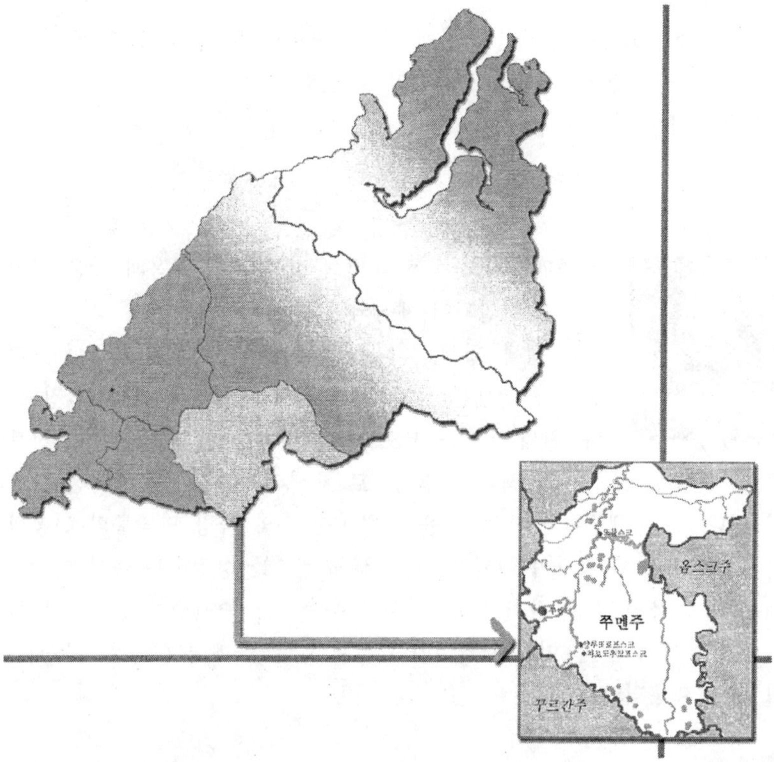

I. 개황

1. 기초정보

주 성립일: 1944년
주도: 쭈멘(Тюмень)
인구: 1,347,000명(한띠-만씨스크, 야말-네네쯔 자치구 제외)
(2001년 현재: 러시아연방 전체의 0.93%, 89개 주체 중 41위)
인구밀도: 8.3명/㎢
면적: 161,800㎢(러시아연방 전체 면적의 0.95%; 89개 주체 중 26위)
소속지구: 우랄연방지구; 서 시베리아 경제지구
한국과의 시차: - 4시간

2. 상징

쭈멘주 문장

쭈멘주의 문장은 은빛 문장 방패에 다음과 같은 다양한 요소가 결합되어 제작되었다.

1) 백색, 청색, 녹색으로 채색된 쭈멘주의 윤곽이 그려져 있고, 중앙에는 상하 1:2 비율로 분할된 원이 자리 잡고 있다. 원의 상부는 떠오르는 태양을 묘사하고 있으며, 하부에는 파란색과 검정색으로 채색된 여러 개의 수직선이 그려져 있다. 2) 쭈멘주를 상징하는 윤곽 위에는 주의 북방 민족들의 전통적인 장식으로 구성된 왕관이 씌워져 있다. 3) 쭈멘주를 상징하는 윤곽 아래 "쭈멘주"라고 쓰인 리본 장식이 있다. 4) 좌우측에는 쭈멘주의 윤곽과 왕관을 지탱하며 서 있는 두 마리의 담비가 묘사돼 있다. 쭈멘주의 문장은 1996년 4월 15일 채택되었다.

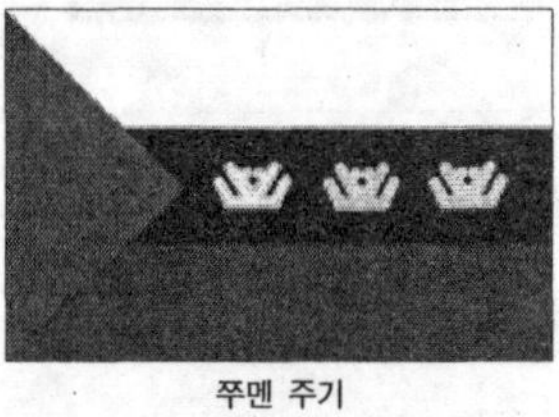

쭈멘 주기

쭈멘 주기는 위로부터 아래로 너비가 균등한 3색띠(백색, 청색, 녹색)에 깃봉 쪽으로부터 적색 2등변 삼각형이 그려진 장방형 천으로 되어있다. 청색띠 중앙에는 북방민족의 전통문양으로 장식된 세 개의 왕관이 동일한 거리를 두고 묘사돼있다. 그 중 왼쪽 첫 번째 왕관은 쭈멘주 문장에 새겨진 왕관과 동일하다. 깃발의 가로, 세로 비율은 3:2이다. 쭈멘 주기는 1996년 4월 15일 채택되었다.

3. 주요도시

쭈멘(Тюмень): 인구 507,000명; 북위 57°10′, 동경 65°30′
또볼스크(Тобольск): 인구 97,800명; 북위 58°11′, 동경 68°14′
이심(Ишим): 인구 62,300명; 북위 56°7′, 동경 69°28′
얄루또로프스크(Ялуторовск): 인구 37,700명; 북위 56°39′, 동경 66°17′
자보도우꼬프스크(Заводоуковск): 인구 26,900명; 북위 56°31′, 동경 66°33′
(인구: 2002년 현재)

4. 주요 산업 및 농업

주의 주요 산업으로 원유, 가스채굴업, 기계제작, 금속가공, 임업, 목재가공업, 건축자재업, 경공업, 어업 등이 발달했으며, 농업부문에서는 낙농업, 사슴, 모피용 동물사육, 양금업 등이 발달했다.

Ⅱ. 자연환경

1. 지리적 위치와 구성

쭈멘주는 한띠-만씨스크 자치구와 야말-네네쯔 자치구를 포함한다. 쭈멘주는 38개의 행정구, 26개의 시 및 43개의 도시형마을, 424개의 농촌마을로 구성되어 있으며, 서시베리아 평원 내에 위치한다.

까자흐스딴, 꼬미 공화국, 끄라스노야르스크 변강주, 꾸르간주, 옴스크주, 똠스크주, 아르한겔스크주와 경계를 이룬다.

주요 하천은 오피(Обь)강, 이르띠슈강의 지류인 또볼, 이쉼강, 또볼강의 지류인 따브다와 뚜라강, 따스(Таз), 뿌르(Пур), 나딤(Надым)강 그리고 북 쏘씨바강(오피강의 지류) 등이다. 그밖에도 많은 호수가 있다.

수도 쭈멘시와 모스크바 간의 거리는 2,144㎞이다.

2. 기후조건

온난기후대, 대륙성기후

1월 평균기온: -17 ~ -29℃

7월 평균기온: 14 - 18℃

연강수량: 200 ~ 600㎜

식물 생장 기간: 80(북부 지역), 80 ~ 110일(중앙 지역), 110 ~ 125일(남부 지역)

식생: 동토 지대, 툰드라, 삼림과 툰드라의 중간 지대, 타이가, 혼합림, 삼림과 스텝의 중간 지대 등이 공존한다.

토양: 극지 및 툰드라 점토, 타이가 염분회색토, 부식성 염분회색토 등

삼림분포도: 39%

3. 주요 유용광물

원유, 가스, 갈탄, 철광석, 건축자재(규조토, 모래), 지하수, 온천수 등이 있다.

주요 산지:

원유: 싸모뜰로르스크(Самотлорск), 우스찌-발리크스크(Усть-Балыкск), 표

도로프스크(Федоровск), 쁘라브진스크(Правдинск), 마몬또프스크(Мамонтовск), 쏠낀스크(Солкинск), 아간스크(Аганск), 바리예간스크(Варьеганск), 뽀까체프스크(Покачевск), 홀모고르스크(Холмогорск), 뽀프호프스크(Повховск).

가스: 우렌고이(Уренгой), 메드베지예(Медвежье), 얌부르크스크(Ямбургск), 빈가푸로프스크(Вынгапуровск), 하라싸베이스크(Харасавей ск), 보바넨꼬프스크(Бованенковск).

Ⅲ. 정치시스템

1. 역사

봉건제도가 형성되면서, 14세기에 침기-뚜라를 수도로 하는 쭈멘 한국이 형성되었다. '뚜라'라는 단어는 따따르어로 도시, 요새 등을 뜻한다. 볼가강변의 봉건국가인 까잔과 아스뜨라한 한국을 점령하면서 러시아는 시베리아의 스텝과 삼림지대의 중간지역으로 진출했다. 러시아가 진출한 시베리아의 촌락은 이미 13세기에 3개 부분(Золотая Орда, Белая Орда, Синяя Орда)으로 나뉘어져 있었다.

시베리아 정착의 초기부터 까자크들은 동쪽으로 이동해갔다. 16세기 말 - 17세기 초에 북부의 러시아족은 시베리아로 활발하게 움직였다. 오스쨔끄(한띠), 보굴(만시), 뚠구스(에벤키), 사모예드(넨쯔)와 같은 북 시베리아의 민족들은 러시아족과 싸우지 않았다. 16세기 말 시베리아에는 러시아 도시가 생겨나기 시작한다. 쭈멘, 또볼스끄, 뻴림, 베레조프, 수르구트, 따라, 나림 등이 등장했다.

요새도시로 건설된 쭈멘은 17세기에 중요한 군사-전략적 기지의 역할을 계속했다. 쭈멘에는 러시아족과 따따르족의 경계에 있는 마을의 방어기능이 부여되었다. 군사-행정적 기능은 쭈멘의 주민들에게서 특징으로 나타났다. 도시의 주민들 가운데는 군에 종사하는 사람들이 상당수를 점했다. 17세기 중반경에는 쭈멘의 건축구조가 생기는데, 도시의 핵심으로서의 성곽(끄레믈)이 만들어지고, 다른 오래된 러시아도시와 마찬가지로 사원들의 수가 증가한다.

18세기에 쭈멘은 수공업의 대규모 중심지였다. 시베리아 도시에 산업적 전문화가 이루어진 경우가 거의 없었던 당시 쭈멘에는 가죽생산을 비롯하여 23개의 종류의 수공업에 종사하는 140명의 수공업자들이 있었다. 또한 이 세기에는 운송의 교차지역으로서 쭈멘의 역할이 성장하게 된다. 산업과 운송, 유통의 발달은 도시의 성장을 가져오며 농촌으로부터의 인구 유입의 증대를 가져온다. 사회적 계층분화과정이 시작되었다.

도시는 영토적으로 뚜라강의 오른쪽 강변을 따라 동쪽으로 확장된다. 1700년에는 석재 건축이 시작되었고 1728년에는 쭈멘까 강에 높이 20미터,

너비 10미터, 길이 176미터의 새로운 다리가 건설되었다. 18세기의 60-90년대는 석조 건축의 새로운 세기로 들어가는데 이 시기에는 '시베리아의 바로코' 양식이 번성하며 우스펜스키를 비롯한 여러 교회가 지어진다.

19세기 전반기에 쭈멘은 서시베리아의 가장 대규모의 수공업 중심지가 되며 약 2000명의 수공업자가 있었던 것으로 추산된다. 이는 대규모 수공업 제조공장(매뉴팩처)의 등장과 발전을 가져오며 특히 가죽산업이 발달한다. 강을 이용한 수로 운송의 급속한 발전이 일어났다. 1861년의 개혁은 시베리아에 러시아의 유럽부분에서와 같은 근본적인 변동을 가져오지 않았으나 개혁 이후 러시아 유럽지역으로부터 농민들의 이주가 상당한 정도로 일어났다. 이주자들 이외에 유배자들이 쭈멘을 거쳐 지나갔다.

1929년에는 첫 번째 발전소가 가동하고 같은 해 여름에는 버스가 다니기 시작했다. 1930년에는 농업교육 연구소가 문을 열었고 1934년에는 영화관 <템프>가 개관되었다. 이 해, 또한 쭈멘에는 쁠레하노보 마을에 비행장을 둔 첫 번째 비행그룹이 세워졌다. 1941년 가을 쭈멘으로는 후방으로 철수된 22개의 공장이 들어선다. 여기에는 오데사의 건설기계 공장, 드미뜨로프의 굴착기, 따간로그의 모터사이클, 꾸르스끄의 섬유기계, 끼예프의 "끄라스늬 굴착기", 뽀돌스끄의 축전기 공장 등이 포함된다. 1948년에는 석유채굴 기지가 세워지고 1953년에는 쭈멘의 출판사에서 첫 번째 책이 나온다. 1957년에는 쭈멘과 또볼스끄의 박물관 및 개인 소장품을 중심으로 한 전시관이 문을 열었고 에르미따쉬, 루스끼 박물관, 레닌그라드 극장 박물관, 뻬름의 그림 전시관 역시 그 기반이 되었다. 1958년에는 쭈멘 텔레비전 방송국이 방송을 시작했다.

1944년 8월 14일 쭈멘 시를 중심으로 쭈멘 주가 구성되었다. 1986년에 쭈멘은 400주년을 기념했다.

2. 정치

1) 정치일반

쭈멘주에서 집행권력은 라이온, 도시 그리고 주 행정부가 실현한다. 최고 집행권력기관은 주 행정부이다. 행정수반은 주지사로서 2001년 1월 14일 선출된 소뱌닌이 이 직위를 맡고 있다. 주지사와 더불어 부지사들이 있으며 러시아연방 국가권력기관에는 주지사 전권대표의 형식으로 부지사가 파견된다.

쭈멘주의 최고 입법권력기관은 주 두마이다. 주 두마는 러시아연방 헌법, 쭈멘 주헌법 및 쭈멘주의 법률 <쭈멘 주 두마의원 선거에 관하여>에 따라 상설적으로 활동하는 쭈멘주의 대의 및 입법 국가권력기관이다. 쭈멘주 지사 및 그 행정부와 함께 주 두마는 주권재민, 국가권력의 분립, 권력기관의 독자성과 연방 및 쭈멘주의 국가권력기관들 사이의 권한분리의 원칙을 기반으로 하는 국가권력기관체계에 들어간다.

주두마는 소선거구제로 선출된 25명의 의원들로 구성된다. 두마의원으로는 한띠-만씨스크 및 야말-네네쯔 구의 영토를 포함하여 주의 영토에 상시적으로 혹은 우선적으로 거주하는 러시아연방 시민이 선출될 수 있다. 두마의 권한임기는 4년이며 두마는 법인의 자격을 갖고 문장이 들어간 직인을 보유한다.

주도인 쭈멘시의 집행권력은 시 행정부가 실현한다. 시장은 끼리축이다. 시의 입법권력기관은 쭈멘시 두마로서 의장은 2000년 9월 15일 선출된 메드베제프이다.

2) 선거

2001년 1월 14일 쭈멘주의 전 지역에서는 주지사 선거가 성립되었다. 주의 선거관리위원회는 총집계 결과 승자를 가려냈다. 모든 절차는 관측되었다. 선거에는 한띠-만씨스크 및 야말-네네쯔 자치구가 참여할 수 있었다. 주지사에는 6명이 입후보했다.

후보명	당시 주요경력
아뜨로셴꼬(Атрошенко С.П.)	<연금생활자 당>의 의장
빤쩰레예(Пантелеев В.М.)	러시아 왕정당 의장
로케쯔키(Рокецкий Л.Ю.)	쭈멘 주지사
소뱌닌(Собянин С.С.)	연방대통령 우랄연방지구 수석부 전권대표
체레빠노프(Черепанов А.К.)	쭈멘 주 두마의원
체르찌셰프(Чертищев В.С.)	러시아연방 국가두마의원

선거는 성립되었고 54.25%의 유권자가 참여했다. 소뱌닌이 승리했고 52.78%의 유권자가 그에게 투표했다.

Ⅳ. 경제 시스템

1. 경제개황

쭈멘주는 7개의 연방지구 중 우랄연방지구에 속하고 12개의 러시아 경제지역 중 서시베리아경제지역에 속한다. 쭈멘주는 황금을 낳는 지역으로서의 역할을 톡톡히 하는 지역으로 러시아에게는 중요하고 큰 비중을 가진 주체이다. 그것의 토대는 연료공업의 우위에 있다. 즉 석유·가스의 채굴산업에 의해 수입을 올리고 발전의 근거를 마련하고 있는 것이다.

이것과 관련해 무려 공업생산량이 러시아 대비 11.4%를 차지하고 있고 또 시장경제 전환 후 지역자체에서의 채산제가 강화되어 줄기차게 자본투자가 쭈멘주의 연료공업에 투입되어지고 있어 러시아대비 자본투자가 무려 18.2%라는 경이적인 성과를 거두고 있다.

쭈멘주는 러시아에서 경제적으로 가장 안정된 지역 중의 하나이다. 실제로 연료공업의 발전으로 인해 공업단지가 매우 복잡하게 얽혀져 있어 가히 발전정도를 짐작할 수 있다.

쭈멘주 영토에서는 러시아연방 헌법과 연방조약에 의해 몇 개의 자치구가 존재하고 있는데, 이에 근거하여 쭈멘주를 몇 개의 지구로 분류하여 분석해 볼 수 있다. 영토에는 한띠-만스크 자치구와 야마로-네네쯔크 자치구가 89%를 차치하고 있으며 분류해 보면 다음과 같다.

-북부지구: 러시아에서 가장 주요한 가스채굴지역이고 야마로-네네쯔크 자치구가 있는 지구이다. 이 주변의 지역들은 기후조건이 퍽 좋지 않으며 주민들은 일시적 거주를 하고 있어 이동성이 높다.

-중부지구: 새로운 석유도시들이 개발되어지는 지역으로 한띠-만시스크 자치구가 자리 잡고 있는 지역이다. 이곳은 러시아 석유생산의 약 50% 이상을 차지하고 있고 주민의 약 90%가 70-80년대 연료산업의 부흥과 함께 각 소련 지역으로부터 이주해 왔던 이주민으로 구성되어 있다.

-남부지구: 이곳은 쭈멘주 외 다른 자치구를 포함하지 않는 순수 쭈멘지역이며 전통적으로 농업이 성행하던 지역이다. 최근에는 석유가 발견되어 채굴되고 있고 주로 러시아인과 시베리아 따따르인이 거주하고 있다.

이 세 지구들은 상호협력하면서 특히 석유, 가스 그리고 농업과 기계제작 등을 중심으로 연관효과를 가지면서 발전하고 있다. 그 결과 쭈멘주는 지역총생산이 러시아 대비 무려 8.6%에 이르고 있고 소매유통이 2.7%, 농업생산도 1.6%를 기록하고 있다.

쭈멘주의 지역총생산이 변화되어온 추이를 보면 경제상황을 파악하는 데 도움이 된다. 표로 살펴보면 다음과 같다.

쭈멘주 지역총생산액 추이

항목 \ 년도	1996	1997	1998	1999
지역총생산	183,451	202,071	203,826	356,139
1인당 지역총생산	57,776	63,203	63,326	110,475
지역총생산 지수		101.0	97.3	101.9

http://www.infostat.ru/epub.htm (검색일: 2003.1.10)

쭈멘주의 지역총생산 구성에서 공업이 가장 큰 비중을 차지하고 있다. 무려 절반에 가까운 47.2%를 나타내고 있어 공업지역임을 드러내고 있다. 그 외 운송과 건설이 각각 10.5%와 9.8%를 기록해 중요한 비중을 가지고 있고 농업이 1.4%, 유통이 4.7%를 나타내고 있다.

쭈멘주의 경제주체로서의 총 기업수와 소 기업수 그리고 공업활동기업수를 표로 보면 다음과 같다.

기업수 추이

항목 \ 년도	1997	1998	1999	2000
총기업수(년말)	61,442	63,891	65,973	69,319
소기업수(년말)	34,502	16,761	13,396	12,522
활동기업수	2,485	2,636	2,007	2,205

http://www.infostat.ru/epub.htm (검색일: 2003.1.10)

2. 산업

1) 공업

쭈멘주의 공업은 러시아경제의 '최고 효자' 이다. 실제 연료공업이 쭈멘주의 중심공업이며 가스와 석유의 채굴산업이 핵심으로 자리 잡고 있다. 쭈멘주의 북부, 중부, 남부지구를 가릴 것 없이 많은 양이 채굴되고 있으며 그 주요도시는 쭈멘, 이심, 메기온, 나딤, 니쥐네프 아르또쁘스크, 네프쪠유간스크, 살레하르트, 수르그트, 또볼스크, 우렌고이 등이다.

그 외 쭈멘주에는 각종 공업부문이 발달되어 있으며 그 규모가 작지 않지만 이것들이 연료산업에 가려 거의 드러나지 않고 있다. 그러한 부문에는 전기전력부문, 기계제작과 금속가공 그리고 식품공업 등이 있다.

연료공업을 포함한 이러한 부문이 쭈멘주의 공업에서 어느 정도의 비율을 가지고 있는지 알아 볼 필요가 있다. 쭈멘주에서 생산되는 주요 품목을 생산량과 함께 보면 쭈멘주의 공업윤곽이 잡힐 것이다. 먼저 각 부문의 비율을 살펴보면 다음과 같다.

주요 공업생산부문별 생산비율

생산부문	쭈멘주 총공업생산 비율
전기전력	5.1%
연료공업	88.5%
화학·석유화학	0.6%
기계제작·금속가공	3.3%
목재가공, 종이·펄프	0.5%
건재공업	0.5%
경공업	0.2%
식품공업	1.0%
제분,곡물,사료	0.2%
기타	0.1%

http://www.infostat.ru/epub.htm (검색일: 2003.1.10)

이러한 부문들에서 생산되는 것 중에서 주요한 공업품목을 보면 다음과 같다. (2000년 기준)

응축가스제품을 포함한 석유- 2억 1,300만 톤; 제1차 가공석유- 400만 톤; 천연가스- 5,300억㎥; 목재가공기계- 527대; 석유체굴 전문기계- 3,300 톤; 전기전력- 634억 kv/시간; 톱으로 켠 목재- 62만 8,000 ㎥; 식사용 빵- 15만 5,000 톤; 우유로 만든 제품- 11만 2,000 톤 등이다.

쭈멘주의 총 공업생산량과 공업생산지수를 보면 공업에 대한 파악이 정리될 수 있다. 표로 살펴보면 다음과 같다.

총 공업생산량 추이

항목 \ 년도	1997	1998	1999	2000
총 공업생산량	128,395	126,924	240,618	469,378
공업생산 지수	100.2	99.4	102	108

http://www.infostat.ru/epub.htm (검색일: 2003.1.10)

2) 농업

쭈멘주의 농업은 러시아의 평균에 비해 상위에 있으며 쭈멘주에서 우월하게 농업에 적합한 토양과 기후를 가지고 있는 지역은 남부지구뿐이다. 이 남부지구의 농지의 면적은 335만 2,200㎢이고 경지는 163만 2,500㎢이다. 이 중 파종면적은 118만 1900 헥타르에 이르고 있고 파종되는 작물들의 종류와 비율을 보면 다음과 같다. (2000년 기준)

곡물재배- 58.0%로 절반 이상을 재배; 사료용 식물재배- 36.6%로 매우 많은 양을 재배; 감자와 채소재배- 4.5%; 특용작물- 0.9% 등이다. 곡물생산이 중심이 되고 있다.

쭈멘주의 농업을 전체적으로 파악하기 위해 총 농업생산량과 농업생산지수를 알아 볼 필요가 있다. 연도별 추이를 표로 살펴보면 다음과 같다.

농업생산량 추이

항목 \ 년도	1997	1998	1999	2000
총농업생산액	5,045.0	4,926.5	9,436.5	12,310.3
작물관련 생산액	2,978.2	1,934.6	4,616.4	6,357.2
가축관련 생산액	2,666.8	2,991.9	4,819.8	5,953.1
농업생산 지수	95	89	110	104

http://www.infostat.ru/epub.htm (검색일: 2003.1.10)

쭈멘주의 농업에서 가축사육도 큰 부분을 차지하고 있으며 주로 쭈멘주의 북부지구에서 행해지고 있다. 대체로 낙농이 주가 되고 그 외 사슴사육, 모피업, 짐승사육 등이 행해지고 있다.

2000년 기준으로 쭈멘주의 육류생산량을 보면 소가 39만 7,300 마리이고 이 중 암소는 18만 4,700 마리이다. 돼지도 사육되고 있으며 그 양은 점점 늘어나는 추세이고 약 44만 5,100 마리에 이르고 있다. 도살 후 측정된 고기의 양을 통계로 보면 소와 닭의 총 고기량은 2000년 8만 6,000 톤에 이르고 있다.

3) 자원 등 기타

쭈멘주은 러시아에서 가장 큰 지구이다. 이 지방은 1944년 8월 14일에 탄생하였으며 두 개의 자치구와 38개의 행정지역, 21개의 도시를 포함하는 지역으로 러시아연방의 지리적 중심에 위치하고 있다. 쭈멘주의 면적은 143만 5,000㎢로 매우 방대하다. 이 영토의 크기는 스페인과 프랑스, 독일, 영국, 오스트리아 등의 나라들의 국토면적을 합한 것보다 더 넓은 면적이다.

쭈멘주는 그 영토의 많은 부분이 우랄의 동부 경사부근과 접하고 있어 유용한 지하 광물자원이 많다. 특히 광물자원 중에 경제적으로 가장 중요한 가치를 가지는 석유와 가스 매장지도 발견되었으며 현재까지 이용되지 못한 다른 광물자원의 수도 매우 많은 것으로 알려져 있다.

쭈멘주는 고가의 에너지 원료의 종류도 다양할 뿐만 아니라 석유와 가스의 매장량도 매우 풍부하고 또 그 채굴량도 놀라울 정도이다. 최초의 석유채유는 1953년에 시작되었고 현재에는 사모뜰로르와 같은 유명한 매장지를 포함하여 총 240개의 매장지가 발견되어 채유되고 있다.

쭈멘주에는 석유뿐만 아니라 자연적으로 형성되는 천연가스를 포함하여 석유매장지의 개발에서 동반되는 가스의 양도 매우 풍부하다. 현재 세계에서 가장 가스가 풍부한 지역으로 알려져 있고 그 매장량도 수십 조㎥에 이른다. 시베리아라는 지역적 특성상 새로운 가스의 매장지는 연속적으로 발견되고 있으며 특히 이들 새로운 매장지 중의 1/3은 그 규모면에서 대매장지로 평가되고 있다.

이 외 쭈멘주는 동력자원도 풍부하며 특히 이탄은 그 용도가 다양하다. 주로 화학적 가공을 위하여 사용되며 가축과 조류의 사료에 첨가하는 사료용 누룩을 얻는 원료로 사용되고 있다. 또한 제한된 용도에서 비료로 사용되며 가축을 기르는 데도 유용하게 쓰이고 있다. 전체적으로 이 지방에는 1,800여 개의 이탄매장지가 등록되어 있고 그 매장량은 570억 톤으로 전체 러시아의 매장량의 1/3에 해당한다.

철광과 유색금속, 희귀금속광도 이 지역에 분포하고 있으나 현재까지는 개발되고 있지 않은 실정이다. 남쪽의 많은 호수에서는 염소침전물의 매장량이 많은 것으로 조사되어 있고 이것은 가치 있는 진흙으로 훌륭한 비료로 사용되며 동물을 위한 좋은 사료가 된다.

쭈멘주의 주요한 자원으로는 수자원이 꼽힌다. 쭈멘주에는 러시아에서 가장 큰 저수지가 있으며 그 깊이가 매우 깊어서 이곳의 담수만 해도 그 양이 2만 5,000 - 3만 ㎦에 이른다. 전체 모스크바의 시민에게 연간 필요한 물의 양이 1㎦인 것을 감안하면 이 양은 막대한 양이라 할 수 있다. 담수이외 염수가 있으며 이것은 지표의 2-3km아래에 흐르는 물로 100-120℃에 이르는 뜨거운 물이다. 이것은 난방용뿐만 아니라 치료용으로도 매우 유용하게 이용될 수 있다.

V. 문화시스템

1. 지역정체성

1) 인구

2001년 현재 쭈멘주의 인구는 1,347,000명으로, 러시아연방 전체의 0.93%, 89개 주체 중 41위이다. 쭈멘주 인구상황은 1999년까지 꾸준한 인구증가세를 보인 후 최근 들어서 약간의 감소세를 보이지만, 매우 안정적인 편이다. 특히 낮은 출생률과 높은 사망률에도 불구하고 꾸준한 인구 증가세를 보이는 것은, 쭈멘주의 석유, 가스개발 인력의 인구 유입에 따른 것이다.

쭈멘주 인구변동 추이

연도	1990	1992	1993	1994	1995	1996	1997	1998	1999	2000	2001
인구수 (1,000명)	1,332	1,347	1,348	1,342	1,346	1,345	1,347	1,350	1,354	1,351	1,347

Россий ский статистический ежегодник. М., 2001. С. 83.

쭈멘주 인구의 자연증가율은 1990년대 초반 이후 큰 폭의 역조현상을 보이고 있다. 그럼에도 불구하고 전체 인구가 꾸준하게 증가하는 것은 석유, 가스 개발로 인한 타 지역으로부터의 인구 유입에 기인한다.

쭈멘주 출생자수, 사망자수, 자연증가율

연도	출생자수(명)	사망자수(명)	자연증가율(명)
1990	20,250	12,959	7,291
1992	15,543	14,774	769
1993	12,960	17,370	-4,410
1994	12,952	18,784	-5,832
1995	12,724	17,953	-5,229
1996	12,433	17,243	-4,810
1997	12,422	16,334	-3,912
1998	12,724	15,899	-3,175
1999	12,512	16,310	-3,798
2000	12,832	17,970	-5,138

Россий ский статистический ежегодник. М., 2001. С. 118.

쭈멘주의 경제활동인구 및 취업률, 실업률은 다음과 같다.

쭈멘주의 경제활동인구는 2000년 현재 45.4%로 비교적 낮은 편이다. 실업률은 1997년 전체 러시아의 경제위기를 계기로 최고치에 도달한 후 최근 들어서 약간의 하향세를 보이고 있으나 전반적으로 보면 타 지역에 비해 매우 양호한 편에 속한다고 보겠다. 이는 역시 주의 석유, 가스 개발과 밀접한 관련이 있다.

쭈멘주 경제활동인구(취업자, 실업자), 실업률

연도	경제활동인구 (1,000명)	취업자수 (1,000명)	실업자수 (1,000명)	실업률(%)
1992	1,652	1,566	86	5.2
1993	1,657	1,573	84	5.1
1994	1,669	1,544	125	7.5
1995	1,665	1,550	115	6.9
1996	1,693	1,538	155	9.2
1997*	568	485	83	14.6
1998	619	529	90	14.5
1999	634	592	42	6.6
2000	613	548	65	10.6

* 1996년까지의 수치는 야말-네네쯔 자치구와 한띠-만씨스크 자치구의 수치를 구분없이 합한 수치이고, 1997년부터 2000년까지의 수치는 이들 자치구의 수치를 제외한 쭈멘주만의 수치임. Российский статистический ежегодник. М., 2001. С. 138.

2) 민족

쭈멘주에는 26개 북방 소수민족을 포함한 120여 민족이 살고 있다. 가장 많은 비중을 차지하는 러시아인(72.6%)을 비롯하여, 우끄라이나인 8.4%, 따따르인 7.3%, 벨라루스인 1.6%, 바슈끼르인 1.3%, 추바슈인 1%, 독일인 1%, 네네쯔인 0.7%, 한띠인 0.6%, 만씨인 0.2%, 쎌꾸프인 0.1%, 아제르바이잔인 0.6%, 몰다브인 0.6%, 까자크인 0.5%, 모르드바인 0.4%, 꼬미인 0.4%, 마리인 0.3%, 우드무르트인 0.2%, 아르메니아인 0.2%, 체첸인 0.1% 등이 거주하고 있다. 주에 거주하고 있는 북방 소수민족의 수는 51,900명으로 러시아연방 전체에 거주하고 있는 북방 소수민족 수의 약 1/3에 해당한다.

3) 교육

오늘날 쭈멘주의 3,000여개 각급 교육기관에는 독특한 교육제도가 도입되어 시행되고 있다. 한때 예까쩨린부르크, 모스크바, 첼랴빈스크에 보내어 쭈멘주의 전문가를 양성하던 시기는 이미 지났다.

오늘날에는 쭈멘주에도 고유의 대학과 연구소, 아카데미가 운영되고 있다. 한 때 첼랴빈스크 문화연구소 분소가 설립되었으나, 최근에는 본 연구소가 독자적으로 운영되고 있다. 최근에는 주의 각 대학이 북부지역에 분교를 설치하고 있다.

2000년 11월 16일 쭈멘주 주지사는 학업성적 우수자와 과학기술 연구활동 우수자에게 장학증서를 수여하고 있다.

2. 지역문화

1) 문화개괄

쭈멘주에는 지금 160개 정도의 박물관이 운영 중이며 그 중 53개는 국립과 지방 자치 박물관이다. 계획 중이거나 건설 중인 것은 20개의 박물관과 7개의 박물관 보호구역이다.

주의 북쪽 지역에는 박물관이 활발하게 건설 중에 있으며, 니즈니바르또프스크 지역에는 7개의 박물관이 수르구따 지역에는 6개의 박물관이 운영 중이며, 나머지 지역에는 2-3개의 박물관이 운영 중이다. 쭈멘에 있는 박물관들은 훌륭한 원조 체계를 이용하고 있다.

석유와 가스 박물관을 위해 새로운 건물이 지어졌으며, 이전의 정치국의 건물에는 조형 예술 박물관이 들어섰고 4년 전에 2층 건물에 자리를 잡았던 지지 박물관은 2002년 초에 이미 6개의 건물이 확장되었고, 그 이후에 또 하나의 건물이 확장되었다.

오늘날 새로운 박물관들이 인터넷 망 속에서 생겨나고 있다. 현실 박물관의 전시실은 유물 전시에 한계를 가지고 있는 반면에 인터넷상에서는 독특하고도 솜씨 있는 전시관들을 만드는 것이 가능하다. 그들 중의 몇 개를 보면 '시베리아 갤러리(Сибирская галерея)', '예술 학교의 어린이들 그림(Рисунки детей художественной школы)' 등이다.

2) 문화시설

(1)쭈멘주 지지 박물관

쭈멘주 지지 박물관

쭈멘주 지지 박물관은 시베리아에서 가장 오래된 박물관 중의 하나이다. 이 박물관의 설립자는 대학자이며 교육자, 지지 학자인 이반 야꼬블레비취 슬로프초프(Иван Яковлевич Словцов, 1844-1907)인데 그는 시베리아 여행 시 자연과학과 고고학 분야의 매우 흥미로운 수집품들을 모았다.

그는 쭈멘의 학교에서 1879년부터 이 수집품들을 전시하기 시작했다. 나중에 이것들은 1920년에 세워진 국립 쭈멘 지지 박물관의 기초가 되었다. 또 박물관은 쭈멘주의 성립(1944)과 함께 주의 중요한 기관이 되었다.

박물관은 지역에 대한 다양한 지식과 학문 연구를 위해서 만들어졌고 러시아에서 가장 큰 박물관 중의 하나이다. 박물관의 발전을 위해 많은 면에서 지역의 인텔리들과 상인들, 주목할 만한 사회 활동 단체들이 활동했다. 상인이며 문화 예술 애호가인 추끄말딘(Н. М. Чукмалдин, 1836-1901)은 박물관의 창립에 특별한 공헌을 했는데, 그는 시를 위해서 슬로프초프에게서 수집품들을 구입했고 그 자신도 적지 않은 수집품들을 모았다. 박물관에는 자연관, 역사관, 혁명전의 역사관, 학문지지 도서관 등이 속한다.

(2) 쭈멘 인형 극장

쭈멘주 인형 극장의 전경

인형 극장을 이전에는 '바퀴 위의 극장(театр на колесах)'이라고 불렀다. 배우들은 객연을 하며 남쪽 지역에서 가장 북쪽에 있는 지역까지 주를 돌아다녔기 때문이다.

극장은 1945년에 자신의 활동을 시작했다. 쭈멘 드라마 극장의 여배우인 스찌비나(Е. Стивина)가 극장의 최초의 연출가가 되었다.

1972년까지 극장은 전용 건물이 없었다. 희곡들은 기본적으로는 러시아 민담의 객연을 위해서 각색한 것들이었다. 이곳에는 1992년부터 극장 계몽센터 '뻬뜨루쉬까(Петрушка)'가 활동하고 있으며 이 센터는 전통적인 러시아 민속 인형극을 연구하고 이것들을 전통적인 형태 그대로 복원시킨다.

가장 유명한 작품은 수벰베르게르의 '마센까와 곰', 디포의 '로빈슨', 고린의 '게로스뜨라뜨를 잊자', 쉬바르차의 '신데렐라' 우아일드의 '별 소년', 이오네스코의 '숲의 노래꾼' 등이다.

첼랴빈스크주

Челябинская Область

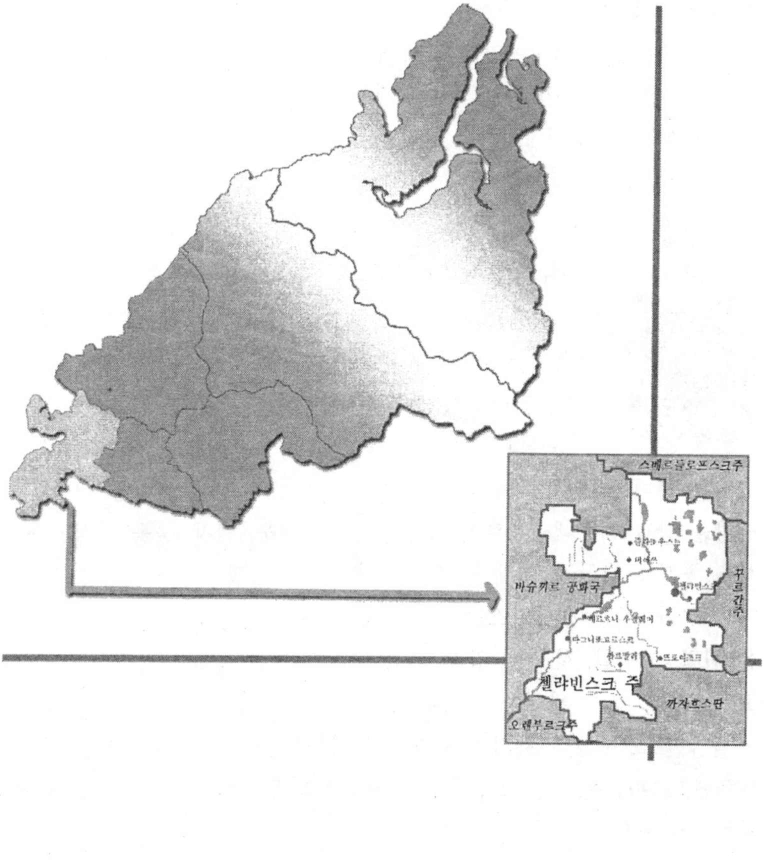

Ⅰ. 개황

1. 기초정보

주 성립일: 1934년 1월 17일.

주도: 첼랴빈스크(Челябинск)

인구: 3,651,000(2001년 현재: 러시아연방 전체의 2.52%, 89개 주체 중 9위)

인구밀도: 41.53명/㎢

면적: 87,900㎢(러시아연방 전체 면적의 0.51%; 89개 주체 중 39위)

소속지구: 우랄연방지구; 우랄경제지구

한국과의 시차: -4시간

2. 상징

첼랴빈스크주 문장

첼랴빈스크주의 문장은 붉은색 바탕에 금빛 짐을 실은 은빛 쌍봉낙타를 형상화하고 있다. 문장방패 위에는 왕관이 씌워져 있으며, 방패 주위에는 레닌훈장을 상징하는 두개의 리본이 감겨있다.

문장의 주 요소인 낙타는 참을성 있고 고결하며, 순종적이고 현명하며, 장수하는 동물을 상징한다. 문장의 붉은 바탕은 생명과 자비, 사랑을 상징하는 색상으로 용맹성, 힘, 아름다움, 건강, 불을 상징한다. 붉은 색은 동시에 야금공, 기계공, 주물공 및 에너지산업 종사자들의 노고를 뜻하기도 한다. 이는 첼랴빈스크주가 고도의 공업도시임을 의미하기도 한다. 금은 위력, 고귀함, 항구성, 강인함, 부, 희망, 지성, 햇빛을 상징하며, 은(銀)은 고결, 순결, 정의, 관대를 상징한다.

첼랴빈스크주의 역사적인 왕관은 주가 러시아연방의 주체임을 암시하며, 1956년, 1970년에 받은 레닌훈장을 상징하는 두개의 리본은 주의 뛰어난 업적을 나타낸다.

첼랴빈스크주의 문장은 2002년 1월 8일 채택되었다.

첼랴빈스크 주기는 붉은 바탕에 황색띠가 새겨진 가로, 세로 3:2 비율의 장방형 천으로 되어 있다. 황색띠는 깃발 하단부로부터 너비의 1/6 지점에

첼랴빈스크 주기

위치하며, 그 너비는 깃발 너비의 1/6이다. 깃발 중앙에 금빛 짐을 실은 은빛 쌍봉낙타가 깃발 너비의 1/2 크기로 묘사되어 있다. 첼랴빈스크 주기는 2002년 1월 8일 채택되었다.

3. 주요도시

첼랴빈스크(Челябинск): 인구 1,081,200명; 북위 55°9′, 동경 61°26′
마그니또고르스크(Магнитогорск): 인구 427,800명; 북위 53°25′, 동경 58°58′
즐라또우스트(Златоуст): 인구 195,300명; 북위 55°11′, 동경 59°38′
미아쓰(Миасс): 인구 165,900명; 북위 55°0′, 동경 60°5′
오조르스크(Озёрск): 인구 87,200명; 북위 55°46′, 동경 60°42′
뜨로이쯔크(Трой цк): 인구 85,700명; 북위 54°7′, 동경 61°34′
꼬뻬이스크(Копей ск): 인구 72,800명; 북위 55°8′, 동경 61°39′
체르바꿀(Чербакуль): 인구 50,500명; 북위 54°59′, 동경 60°22′
싸트까(Сатка): 인구 49,800명; 북위 55°2′, 동경 59°2′
스네진스크(Снежинск): 인구 48,400명; 북위 56°5′, 동경 60°43′
꼬르끼노(Коркино): 인구 41,500명; 북위 54°54′, 동경 61°22′
유주노우랄스크(Южноуральск): 인구 40,100명; 북위 54°26′, 동경 61°14′
끼슈띰(Кыштым): 인구 39,900명; 북위 55°43′, 동경 60°32′
아샤(Аша): 인구 37,100명; 북위 54°59′, 동경 57°17′
베르흐니 우팔레이(Верхний Уфалей): 인구 36,400명; 북위 56°4′, 동경 60°14′
뜨료흐고르니(Трёхгорный): 인구 30,700명; 북위 54°42′, 동경 58°25′
까르딸리(Карталы): 인구 30,300명; 북위 53°4′, 동경 60°38′
예만젤린스크(Еманжелинск): 인구 28,900명; 북위 54°45′, 동경 61°18′
우스찌-까따예프(Усть-Катаев): 인구 28,200명; 북위 54°56′, 동경 58°10′
바깔(Бакал): 인구 21,700명; 북위 54°56′, 동경 58°48′
(인구: 2002년 현재)

4. 주요 산업 및 농업

주의 주요 산업으로 제철산업(철, 비철금속), 기계제작, 금속가공(트랙터, 자동차, 도로-건축, 산악-탄광설비, 기기, 공작대), 화학공업(래커, 페인트, 유산), 까슬린스크(Каслинск), 꾸신스크(Кусинск) 예술 주조품 및 즐라또우스트(Златоуст) 금속판화, 시계공업 등이 유명하며, 농업부문은 곡물 및 콩 종류 재배, 양돈, 양금 등이 발달했다.

Ⅱ. 자연환경

1. 지리적 위치와 구성

첼랴빈스크주는 24개의 행정구, 30개의 시 및 30개의 도시형마을, 261개의 농촌마을로 구성되어 있으며, 남우랄 동부사면, 동부 우랄 저지대에 위치하며, 북서부지역에 일부 우랄산맥이 지난다.

바슈끼르 공화국, 스베르들로프스크주, 꾸르간주, 오렌부르크주, 까자흐스딴과 경계를 이룬다.

주요 하천은 우랄강(상류)과 우파강(벨라야강의 지류), 미아쓰강(이세찌강의 지류)이다.

수도 첼랴빈스크시와 모스크바 간의 거리는 1,919㎞이다.

2. 기후조건

온난기후대, 대륙성기후
1월 평균기온: -16 ~ -18℃
7월 평균기온: 17 ~ 20℃
연강수량: 300 ~ 500㎜(평지인 자우랄리에), 700 ~ 800㎜(산악 지대)
식물 생장 기간: 110(북동 지역) ~ 140일(남부 지역)
식생: 혼합림 지대(주로 서부 지역), 삼림과 스텝의 중간지대, 스텝지대(동부 지역)
토양: 흑토
삼림분포도: 28%

3. 주요 유용광물

석탄, 철광석, 마그네사이트, 흑연, 내화성 점토 등이 있다.
주요 산지:
석탄: 첼랴빈스크 유역.
철광석: 바깔, 마그니또고르스크, 즐라또우스트.
마그네사이트: 싸트까.
흑연: 따긴스크.
내화성 점토: 니주네우벨스크(Нижнеувельск)

Ⅲ. 정치시스템

1. 역사

오래전부터 남 우랄은 사람이 거주하기에 양호한 조건을 가지고 있었다. 고고학자들에 의하면 구석기시대부터 인간이 거주한 흔적이 발견된다. 그러나 주 영토의 행정적 구조가 형성된 것은 18세기이다. 러시아의 생산력 발전과 국경 확장에 따르는 뾰뜨르 Ⅰ세의 정책이 계속되었다. 군사-무역 활동을 위한 원정은 각종 요새를 구축하였다.

1737년 8월 13일 따찌쉐프(В. Н. Татищев)의 추천에 따라 이세츠끄 지방이 형성되었다. 1743년부터 첼랴빈스크가 이 지방의 중심지가 되었다. 1744년 3월 15일 이세츠끄 및 우핌스끄 지방을 포함하는 오렌부르그현이 형성되었다.

18세기 후반기 남부 우랄지역의 산악-공장지대 형성이 적극적으로 실시되었다. 산악-공장들은 다음과 같은 도시의 형성에 토대가 된다. 1782년 이세츠끄 지방의 폐쇄이후에, 동일 지방의 영토 일부는 오렌부르그현에 포함되었고, 또 다른 일부는 우핌스크현의 구성에 포함되었다. 현재 주의 영토에서 형성된 최초의 도시는 첼랴빈스크, 베르흐네우랄스크(1781), 뜨로이쯔크(1784) 등이다.

19세기 초반 영토의 중요부분이 현재 주가 차지하고 있는 오렌부르그현에 소속되었다. 그리고 중반에는 새로운 요새의 형성과 시기를 같이하면서, 남부 우랄지역에 다수의 거주지가 형성되었다.

1919년 첼랴빈스크, 뜨로이쯔크, 베르흐네우랄스크 향을 구성으로 하여 첼랴빈스크현이 형성되었다. 1923년 11월 3일 전러시아 중앙집행위원회의 결정에 따라 예까쩨린부르그를 중심으로 하는 우랄주가 구성되었고, 첼랴빈스크, 즐라또우스똡스끄, 베르흐네우랄스크, 뜨로이쯔끄를 비롯한 15개의 지구가 속하게 되었다. 1934년 1월 17일 우랄주는 작은 단위로 나뉘어졌으며, 이 결과 첼랴빈스크주가 형성되었다. 이후 첼랴빈스크주의 영토는 여러차례 축소되었다. 1938년부터 1943년까지 첼랴빈스크주로부터 7개의 라이온이 스베르들로프스크주로 이전되었다. 1943년 2월 6일 형성된 꾸르간주 구성으로 32

개 라이온이 이전된 이후, 주의 경계는 사실상 변화되지 않았다. 행정구역의 재편과정이 마감되면서 첼랴빈스크주에서는 지역개발 작업이 본격화되었다.

소련이 분열되고 러시아연방이 국제정치의 주체로 등장했다. 우랄산맥의 남부지역에 위치하면서 유럽과 아시아의 접경에 있는 첼랴빈스크주는 러시아연방의 주체들 가운데서도 발전된 공업지역에 포함된다. 첼랴빈스크주는 노동력 및 생산력 그리고 학술잠재력 등을 비롯하여 지역발전에 필요한 제반의 요소를 갖추고 있다.

2. 정치

소련 말기인 1991년 첼랴빈스크주 소비에트의 의장이었던 수민(П. И. Сумин)은 1993년에 실시된 최초의 첼랴빈스크주 행정수반 선거에서 당선되었다. 그러나 선거결과에 대한 문제가 제기되었고, 연방 헌법재판소가 선거결과를 법적으로 인정하는 결정을 내렸음에도 불구하고 선거결과 자체가 무효화되었다.

소비에트의 해산 이후에, 1993년부터 1995년까지 수민은 적극적인 정치활동을 시작했다. 1994년 11월 수민의 적극적인 참여하에 지방의 대중적인 정치조직체인 '우랄의 부흥을 위해(За возрождение Урала)'가 창설되었고 그는 의장이 되었다. 1995년 12월 수민은 러시아연방 국가두마의원으로 당선되었다. 1996년에는 첼랴빈스크주 행정수반 선거에서 당선되었고 2000년 12월에는 재선에 성공했다.

후보별 득표

후보명	득표율 (%)
아부바끼로프(Абубакиров Ю.Ф.)	0.52
가르퉁(Гартунг Валерий Карлович)	14.24
그리샨꼬프(Гришанков М.И.)	17.15
조또프(Зотов В.Б.)	0.32
수민(Сумин П.И.)	58.68
따멘다로프(Тамендаров Г.Г.)	0.17
우뜨낀(Уткин В.П.)	2.84
필리치낀(Филичкин В.В.)	0.54

Ⅳ. 경제 시스템

1. 경제개황

첼랴빈스크주는 7개의 연방지구 중 우랄연방지구에 속하고 12개의 러시아 경제지역 중 우랄경제지역에 속한다. 첼랴빈스크주를 구성하고 있는 주요 구성요소는 매우 많지만 그 중 공업은 첼랴빈스크주의 중심이 되고 있고 러시아에서 차지하는 첼랴빈스크주 공업 비중이 매우 높은 것으로 나타나고 있다. 러시아대비 3.5%의 비중이 그것을 입증하고 있다. 첼랴빈스크주는 대표적 공업지역인 것이다.

그 외 농업부문에서는 가축과 작물 가릴 것 없이 충분한 생산량을 자랑하고 있고 그 비중만도 러시아대비 1.5%에 이르고 있다. 첼랴빈스크주는 과학기술의 잠재력이 갖추어진 지역으로 평가되고 있고 많은 과학자를 보유하고 있기도 하다.

이것들을 토대로 대외경제관계가 매우 넓게 그리고 대량의 관계를 갖고 상호발전하고 있다. 또 지역총생산도 러시아대비 2.0%의 매우 높은 성적을 기록하고 있다. 첼랴빈스크주는 총체적인 평가에 의해서 러시아에서 5위의 위치에 있고 사회적 평가에 있어서는 15위의 위치에 있다.

첼랴빈스크주의 전체적인 조망을 위해 지역총생산을 파악할 필요가 있고 연도별 추이로 지역총생산과 1인당 지역총생산을 파악하면 다음과 같다.

첼랴빈스크주 지역총생산액 추이

항목 \ 년도	1996	1997	1998	1999
지역총생산	48,596	51,9216	46,767	84,580
1인당 지역총생산	7,819	8,991	12,701	22,996
지역총생산 지수		103.9	83.1	108.3

http://www.infostat.ru/epub.htm (검색일: 2003.1.10)

첼랴빈스크주는 공업지역답게 공업이 지역총생산의 절반에 이르는 49.5%를 차지하고 있다. 그 외 농업 - 6.4%, 건설 - 6.5%, 운송 - 6.2%, 유통 - 8.0%를 구성하고 있다.

첼랴빈스크주의 기업부문에서 총 기업수와 소 기업수 그리고 공업활동기업수는 한 지역경제를 파악하는데 매우 중요한 지표이다. 표로 추이를 살펴보면 다음과 같다.

기업수 추이

항목 \ 년도	1997	1998	1999	2000
총기업수(년말)	51,701	54,685	58,580	63,741
소기업수(년말)	14,344	17,747	17,492	19,136
활동기업수	2,392	3,653	3,695	3,958

http://www.infostat.ru/epub.htm(검색일: 2003.1.10)

2. 산업

1) 공업

첼랴빈스크주의 공업은 매우 높은 성적을 내고 있으며 이러한 성적의 토대가 되고 있는 가장 주요한 부문은 철강업이다. 공업지역인 첼랴빈스크주를 '철강업의 지역'이라 부르는 것도 이 때문이다. 이 외 첼랴빈스크주의 공업발전을 지탱하고 있는 부문으로는 기계제작과 금속가공, 전기전력, 비철금속, 식품공업, 건재공업 등이 있다.

첼랴빈스크주의 공업이 활성화되고 있는 도시들을 들어보면 마끄니또고르스크, 미아스, 즐라또우스트, 체바르꿀, 우스찌-까따프 등이 있고 지역으로는 주로 까르딸린스크, 꾸신스크, 아신스크 등이 공업발전지역으로 꼽히고 있다.

첼랴빈스크주의 공업전반을 파악하고자 총 공업생산량을 살펴볼 필요가 있다. 표로 그 추이를 살펴보면 다음과 같다.

총 공업생산량 추이

항목 \ 년도	1997	1998	1999	2000
총 공업생산량	53,581	50,957	92,574	146,116
공업생산 지수	99	88	113	116

http://www.infostat.ru/epub.htm (검색일: 2003.1.10)

첼랴빈스크주의 공업의 부문별 비율을 살펴보는 것은 중요하다. 첼랴빈스크주의 공업을 이끌고 있는 공업은 절반 이상의 비율을 차지하고 있는 철강업이다. 여타 부문의 비율을 표로 살펴보면 다음과 같다.

주요 공업생산부문별 생산비율

생산부문	첼랴빈스크주 총공업생산 비율
전기전력	7.2%
연료공업	0.8%
철강업	55.6%
비철금속	8.8%
화학·석유화학	0.5%
기계제작·금속가공	15.8%
목재가공, 종이·펄프	0.9%
긴재공업	2.8%
경공업	0.7%
식품공업	4.3%
제분,곡물,사료	1.9%
기타	0.7%

http://www.infostat.ru/epub.htm (검색일: 2003.1.10)

첼랴빈스크주의 몇 가지 주요 생산품목과 그 생산량(2000년 기준)을 보면 다음과 같다. 철강석- 240만 톤; 강철- 1,490만 톤; 철강압연- 1,230만 톤; 철강관- 73만 4,000 톤; 냉장고와 냉동고- 8,600 개; 건설용 벽돌- 2억 4,800만개 등이다. 첼랴빈스크주의 주요 공업생산제품은 철강제품이 주를 차지하고 있다.

2) 농업

첼랴빈스크주의 농업은 동식물 분야가 고루 발달되어 있고 그 생산량에 있어서도 러시아의 평균생산량을 훨씬 초과하고 있다. 첼랴빈스크주의 농업생산량을 일구어 내는 주체들의 구조를 보면 농업기업들이 39%를 차지하고 있고 농장이 약 2%정도, 개인적인 농업종사자는 59%를 차지하고 있다. 첼랴빈스크주는 개인농업이 주를 이루고 있다.

첼랴빈스크주는 농업 발전을 위해 1999-2005년 까지 다음과 같은 농업발전계획을 세우고 있다.

- 지역 농산물시장의 효과적인 형성과 운영을 위해 경제적인 적절한 조건을 만들어 낸다.

- 농업시장관련 인프라를 구축하고 경쟁력을 높일 수 있는 수단을 만들어 간다.

- 농공단지의 생산성장에 직접적인 영향을 주는 유효투자를 유입하고 늘려 간다.

첼랴빈스크주의 총 농업생산량과 가축과 작물의 생산량을 표로 살펴보면 다음과 같다.

농업생산량 추이

항목 \ 년도	1997	1998	1999	2000
총농업생산액	6,195.2	4,758.1	10,654.9	12,071.2
작물관련 생산액	3,635.2	1,880.9	5,469.4	5,315.2
가축관련 생산액	2,560.0	2,877.2	5,185.5	6,756.0
농업생산 지수	131	64	128	89

http://www.infostat.ru/epub.htm (검색일: 2003.1.10)

첼랴빈스크주의 작물재배에서 농경지가 차지하는 비율은 전 영토의 56%로 농경지로서 그 면적은 약 510만 헥타르 정도에 이르고 있다. 그 중 실제 파종을 하고 있는 면적은 199만 4,700 헥타르이고 주로 파종되는 것은 곡물이 주가 되며 62.7%를 차지하고 있다. 그 외 사료용 작물재배가 32.5%, 감자와 채소재배는 3.4%, 특용작물은 1.4%를 차지하고 있다.

첼랴빈스크주에서는 목축도 대규모로 행해지고 있으며 2000년 말 기준으로 소가 61만 4,200 마리, 이 중 암소는 28만 400 마리이고 돼지는 약 36만 9,700 마리에 이르고 있다. 고기생산으로는 소와 닭 등의 고기가 매년 약 8만 4,600 톤씩 생산되고 있다.

3) 자원 등 기타

첼랴빈스크주는 유럽과 아시아의 경계에 위치하고 있으며 그 면적은 8만 8,500㎢이며 남북으로는 490km, 동서로는 400km에 이른다. 첼랴빈스크 주는 해안과 대양에서 멀리 떨어져 위치하고 있으므로 대륙성 기후를 나타내고 있다. 즉 겨울은 길고 추운 날이 계속되며 여름은 상대적으로 더우며 가을과

봄은 상대적으로 매우 짧다.

첼랴빈스크주는 볼가와 우랄, 또볼 등 3개 강에 의한 해안지구로 나누어져 있으며 연평균 물의 양은 6.22㎦이다. 또한 첼랴빈스크주의 북동부에서는 아름다운 호수가 많으며 그 수는 3,170개에 달하고 있다. 이 중 98개의 호수는 그 면적이 총 5㎢에 달한다. 이 호수들은 다양한 병리학적 자원을 가지고 있으며 알카리수와 미네랄 진흙 등을 함유하고 있기 때문에 첼랴빈스크주는 러시아에서 가장 다양한 치료용 진흙을 가진 지방으로 유명하다.

그러나 광물염의 성분이 많고 물이 부족한 호수가 많으므로 국민경제를 위해 실제로 이용되는 호수는 뚜르고야크, 테바르쿨, 이르타쉬 등 큰 호수에 불과하다.

첼랴빈스키주는 3개의 자연적 지대로 나뉘며 첫째는 산림지대, 둘째는 숲 공원지대, 셋째는 초원지대로 각각의 지대별로 뚜렷한 특성을 갖고 있다. 산림지대에는 식물이 희박하며 분포하는 식물로는 활엽수와 전나무, 자작나무가 있다. 전체적으로 첼랴빈스크주의 숲에는 많은 식물들이 분포해 있고 산열매를 비롯하여 다양한 종류의 버섯들이 있다.

나무의 종류를 보면 침엽수보다는 활엽수가 훨씬 많은 비중을 차지하고 있으며 이들 나무들은 목재로 가공되어 이 지방의 경제에 많은 기여를 하고 있다. 그 비율은 자작나무 - 55%, 사시나무 - 23%, 소나무 - 15%, 전나무 - 5%의 순이다.

첼랴빈스크주의 유용광물자원은 매우 풍부하고 다양하다. 특히 보오크 사이트, 니켈, 금, 활석, 인쇄용 활석, 석영, 철, 티탄자석광, 구리아연광, 가연성 원료 등 300여 종이 있으며 대부분의 자원들은 개발되지 않은 상태이다. 첼랴빈스크주에는 다른 지역에 비해 특징적인 매장지가 많으며 그 중 20여 군데는 가장 큰 철광산 중의 하나로 평가받고 있다. 또한 지표면과 가까운 부근에는 갈탄이 분포되어 있으며 약 48%의 철을 포함하고 있다.

싸트키시를 비롯한 지역에는 세계적으로 유명한 자철광의 매장지가 있고 꼬엘린스끼 매장지에는 유럽에서 가장 큰 흰 대리석 매장지가 있다. 또한 러시아에서 유일한 매장지로 알려진 카오린 점토 매장지가 있으며 이것은 섬세한 도자기제작과 도기 및 종이를 만드는 데 사용된다. 이 외 우랄산맥의 동쪽 경사부근에는 일리멘스키 금렵구역이 있고 이곳에는 70여 종의 광물질과 260만 톤의 미네랄이 매장되어 있다.

V. 문화시스템

1. 지역정체성

1) 인구

2001년 현재 첼랴빈스크주의 인구는 3,651,000명으로, 러시아연방 전체의 2.52%, 89개 주체 중 9위이다. 그러나 첼랴빈스크주의 인구 또한 러시아연방의 다른 대부분의 주체에서와 마찬가지로 인구감소 현상을 보이고 있다. 특히 1992년 이래 2001년까지 인구 감소 비율은 1.51%로, 이는 절대적으로 낮은 출생률과 높은 사망률에서 기인한다.

첼랴빈스크주 인구변동 추이

연도	1990	1992	1993	1994	1995	1996	1997	1998	1999	2000	2001
인구수 (1,000명)	3,705	3,707	3,703	3,685	3,694	3,683	3,673	3,676	3,678	3,667	3,651

Россий ский статистический ежегодник. М., 2001. С. 83.

첼랴빈스크주의 인구 자연증가율은 1990년대 초부터 이미 마이너스 현상을 보이고 있다. 이는 주의 인구감소에 절대적인 영향을 미치고 있으나, 그럼에도 불구하고 인근지역으로부터의 인구유입 덕분에 과도한 인구감소 현상은 나타나고 있지 않다. 그러나 경제상황이 크게 개선되지 않는 한 자연증가율은 더욱 떨어질 것으로 예상되어 인구상황에 매우 부정적인 영향을 미칠 것으로 보인다.

첼랴빈스크주 출생자수, 사망자수, 자연증가율

연도	출생자수(명)	사망자수(명)	자연증가율(명)
1990	48,599	38,367	10,232
1992	38,236	42,198	-3,962
1993	32,738	49,430	-16,692
1994	33,458	54,932	-21,474
1995	33,161	54,730	-21,569
1996	31,958	50,629	-18,671

1997	31,282	48,234	-16,952
1998	32,712	47,536	-14,824
1999	30,989	52,915	-21,926
2000	32,355	56,444	-24,089

Россий ский статистический ежегодник. М., 2001. С. 118.

2000년 현재 첼랴빈스크주의 경제활동인구는 1,817,000명으로 전체 인구의 약 50%이다. 그 중 2000년 현재의 실업자 수는 147,000명, 실업률은 8.1%이다. 실업률은 1990년대 초반까지만 해도 매우 안정적인 추세였으나, 1997년 경제위기를 전후로 10%대를 상회하는 추세로 급변하게 되었다. 그러나 최근 들어 다시 한 자리수로 떨어지는 등 비교적 안정세를 보이고 있다.

첼랴빈스크주 경제활동인구(취업자, 실업자), 실업률

연도	경제활동인구 (1,000명)	취업자수 (1,000명)	실업자수 (1,000명)	실업률(%)
1992	1,870	1,782	88	4.7
1993	1,813	1,695	118	6.5
1994	1,798	1,650	147	8.2
1995	1,800	1,654	147	8.2
1996	1,790	1,634	156	8.7
1997	1,735	1,570	165	9.5
1998	1,737	1,521	216	12.4
1999	1,822	1,606	216	11.8
2000	1,817	1,670	147	8.1

Россий ский статистический ежегодник. М., 2001. С. 138.

2) 민족

첼랴빈스크주에는 약 90여 민족이 거주하고 있다. 인구의 대부분은 러시아인으로 약 81%를 차지하며, 나머지는 따따르인 6.2%, 바슈끼르인 4.5%, 우끄라이나인 3%, 독일인 1.1%, 까자크인 0.9%, 벨라루스인 0.8%, 모르드바인 0.7%, 추바슈인 0.4%, 유태인 0.3% 등으로 구성되어 있다.

3) 교육

첼랴빈스크주는 대규모 교육, 과학 중심지이다. 최근 시장경제하에서 교육제도 전반에 걸친 변화가 일고 있으며, 재정적으로 어려운 여건에도 불구하고 지속적으로 학교가 늘고 있다.

주에는 63개 과학기술 연구소가 있으며, 주요 연구소로는 유용광물 채굴연구소, 파이프라인 공업연구소, 금속가공 연구소, 제철공장 설계 연구소, 무기질 색소 및 선박 도색 연구소 등이 있다.

주의 경제발전에 크게 기여하는 곳으로 의과대학, 체육대학, 철도대학, 남우랄대학, 첼랴빈스크 국립대학 등 16개 고등교육기관을 들 수 있다.

주에는 국립과 사립을 포함한 77개 중등전문학교, 126개 직업기술학교, 1,423개 중등학교가 개설되어 있다.

2. 지역문화

1) 문화개괄

첼랴빈스크 지역에는 15개의 극장과 3개의 콘서트홀이 있다. 이들 중 주의 중심에는 5개의 국립 극장과 4개의 지방 자치 극장이 있고 화랑, 필하모니, 서커스, 몇 개의 박물관, 19개의 영화관, 지방 자치 재즈 센터, 현대 예술센터가 활동 중이다.

첼랴빈스크의 극장들은 자신들의 레퍼토리 속에 여러 장르의 연극을 포함하고 있고 그 연극들은 지역 주민들의 다양한 욕구를 채워주면서 흥미를 유발시키고 있다.

러시아와 외국 극단의 객연은 주의 문화에 여러 가지 모습을 더하면서 주민들의 문화 수준의 향상에 도움을 주고 있다. 매년 첼랴빈스크에서는 실내극단의 페스티벌 '까메라따(Камерата)'와 오르간 음악 국제 페스티벌이 개최되어 지역민들의 관심을 끌고 있다.

주에는 예술과 문화 기관 망이 발달해 있는데 그 중에는 3개의 고등 교육기관과 국립 첼랴빈스크 예술 문화 대학, 첼랴빈스크 고등 음악 학교, 국립 마그니또고르스크 음악학교 등이 있다. 첼랴빈스크에는 20개가 넘는 창작단체와 창작그룹이 있는데 그 중 대부분은 최근에 설립된 것들이다.

주의 주요 문화 시설을 살펴보면, 시 도서관, 인형극장, 주 청소년 도서관, 시메오노프 본산 성당, 지지 박물관, 서커스, 첼랴빈스크 건설자 기념비, 필하모니, 화랑, 글린까 오페라-발레 극장, 브레슬린 고가옥, 예전의 차 파는 공장, 탱크 의용군대 기념동상-영원의 불, 10월 혁명과 내전의 주인공들과 꼼소몰원의 기념비-독수리, 예술과 문화 대학, 교육 대학, 어린이와 청소년 극장, 장식 실용예술 박물관, 츠빌린그 드라마 극장, 체육 대학 등이 있다.

2) 문화시설

첼랴빈스크 지지박물관내부

첼랴빈스크 주에는 29개의 박물관이 운영되고 있다. 가장 유명한 것 중의 하나는 첼랴빈스크주 지지 박물관이며 이 박물관은 독특한 수집품, 귀한 책들, 인류학 유물, 회화, 도자기 등을 보관하고 있다.

우랄은 광물 자원으로 유명한데 여기서는 실제로 멘델레프의 원소주기표의 모든 원소들이 나오고 있다. 마민-시비략(Д. Н. Мамин-Сибиряк)은 "우랄에는 시베리아의 명작들을 간직한 곳이 많다. 어디를 가도 그러한 한정된 공간에서 그렇게 집중적인 형태로 그렇게 풍부한 광물들을 만날 수는 없다"라고 말했다. 1750년 최초로 우랄의 풍부한 지하자원을 이용하여 박물관을 만들어야겠다고 생각한 사람은 로모노소프였다.

1834년에 첼랴빈스크에 최초의 대중용 박물관이 만들어졌고 그것은 1836년에 전 세계의 광물 전시 박물관 중 가장 큰 것 중의 하나가 되었다. 이미 20세기에 첼랴빈스크를 포함해서 우랄에는 아름다운 광물들을 소장한 몇 개의 광물 박물관이 설립되었다.

국립 첼랴빈스크 아카데미 드라마 극장

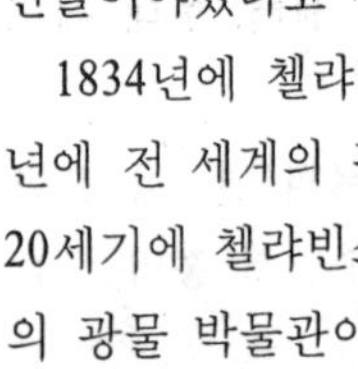
첼라빈스크 아카데미 드라마 극장

첼랴빈스크 아카데미 드라마 극장은 러시아의 가장 큰 극장 중의 하나이며 이 극장은 러시아 전역에까지 유명하다.

1921년 극장은 네미로비취-단첸꼬의 드라마 '삶의 가치'를 상연하면서 문을 열었는데 이 극은 바실리예프의 직업 연극단에 의해 상연되었다. 1986년에 국립 첼랴빈스크 아카데미 극장은 '아카데미'라는 명칭을 얻었다. 1996

년에 극장은 오를로프 원작의 연극 '아버지가 없는 고아'를 가지고 국제 체홉 페스티벌에 참가했고 이 해에 안드레예프(Л. Андреев)를 기리는 드라마 극장들의 전 러시아 페스티벌 '러시아의 고전'에 참가했는데 이때는 오를로프(Н. Орлов)가 제작한 연극 '안피사(Анфиса)'를 무대에 올렸다. 오늘날 이 극장의 레퍼토리는 20개의 연극으로 구성되어 있다.

한띠-만씨스크 자치구

Ханты-Мансий ский Автон омный Округ

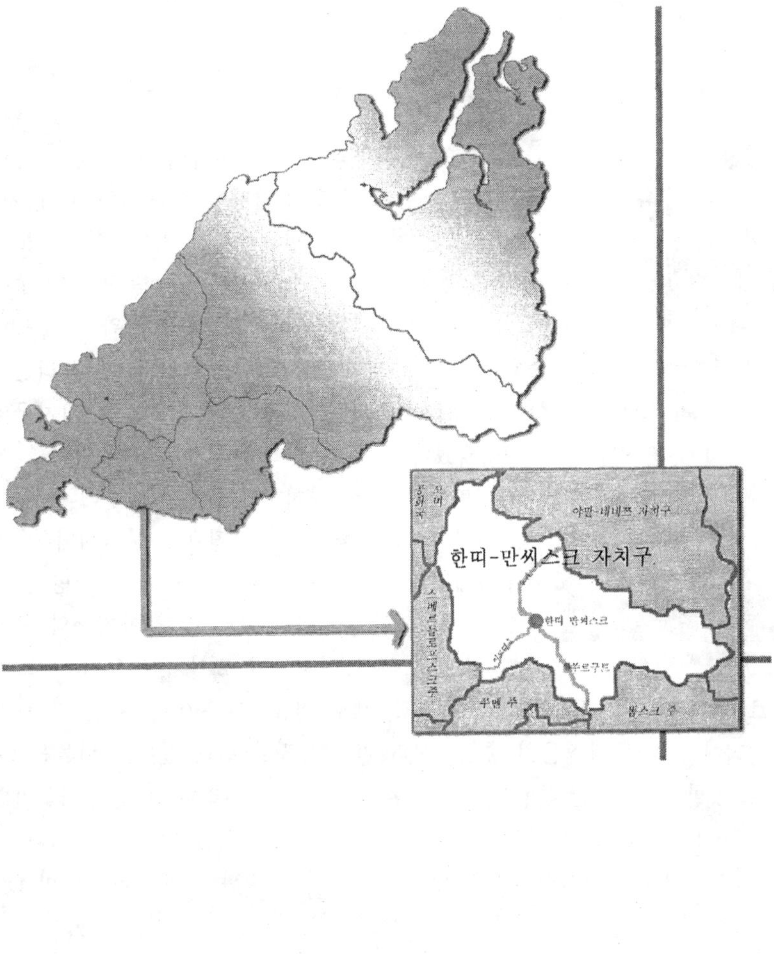

Ⅰ. 개황

1. 기초정보

수도: 한띠-만씨스크(Ханты-Мансийск)
인구: 1,402,000명(2001년 현재: 러시아연방 전체의 0.96%, 89개 주체 중 37위)
인구밀도: 2.68명/㎢
면적: 523,100㎢(러시아연방 전체 면적의 3.06%; 89개 주체 중 9위)
소속지구: 우랄연방지구; 서 시베리아 경제지구
한국과의 시차: -4시간

2. 상징

한띠-만씨스크 자치구 문장

한띠-만씨스크 자치구의 문장은 반쪽씩 이어 만든 방패에 은빛 엠블렘 - 청색 및 녹색 바탕에 쌍두조(雙頭鳥) - 으로 장식되어 있는 형상으로 방패 가장자리는 금테가 둘려 있다. 곡선형 방패는 하단부가 뾰족한 장방형 방패에 부착되어 있다. 방패 상부에는 백색 장식물이 씌워져 있으며, 방패 주위는 삼나무 잎사귀로 드리워져 있다. 청색 리본에 제명(유그라:Югра)이 은(銀) 활자로 새겨져 있다. 한띠-만씨스크 자치구의 문장은 1995년 9월 14일 채택되었다.

한띠-만씨스크 자치구기

한띠-만씨스크 자치구기는 위에서부터 동일한 크기의 청색과 녹색띠가 수평으로 분할되어 있고, 우측에 백색띠가 수직으로 나 있는 된 장방형 천으로 제작되었다. 좌측 상단부에는 자치구의 문장에 사용된 백색 장식물이 묘사되어 있다. 깃발의 가로, 세로 비율은 2:1, 백색띠의 가로, 세로 비율은 1:20이다. 깃발 좌측 가장자리에서 백색 장식물의 중심까지의 거리와 깃발 전체 길이의 비율은 1:4이며, 깃발 상단부 끝에서 백색 장식물 중심까지의 거리와 깃발 전체길이의 비율은 1:10이다. 또한 백색 장식물의 너비 및 높이와 깃발 전체 길이의 비율은 각각 1:4, 1:10이며, 백색 장식물의 두께와 깃발 전체 길이의 비율은

1:40이다. 한띠-만씨스크 자치구기는 1995년 9월 14일 채택되었다.

3. 주요도시

쑤르구트(Сургут): 인구 275,300명; 북위 61°15′, 동경 73°23′
니주네바르또프스크(Нижневартовск): 인구 230,300명; 북위 60°56′, 동경 76°32′
네프쩨유간스크(Нефтеюганск): 인구 94,800명; 북위 55°6′, 동경 54°17′
냐간(Нягань): 인구 57,600명; 북위 62°9′, 동경 65°23′
꼬갈림(Когалым): 인구 53,700명; 북위 62°2′, 동경 74°30′
라두주니(Радужный): 인구 44,800명; 북위 62°5′, 동경 77°14′
삐찌-야흐(Пить-Ях): 인구 41,200명; 북위 60°45′, 동경 72°56′
메기온(Мегион): 인구 40,600명; 북위 61°3′, 동경 76°6′
란게빠스(Лангепас): 인구 39,300명; 북위 61°10′, 동경 75°23′
우라이(Урай): 인구 37,600명; 북위 60°8′, 동경 64°46′
한띠-만씨스크(Ханты-Мансий ск): 인구 36,900명; 북위 60°59′, 동경 69°0′
랸또르(Лянтор): 인구 31,500명; 북위 61°35′, 동경 72°19′
유고르스크(Югорск): 인구 29,400명; 북위 61°19′, 동경 63°20′
쏘베쯔끼(Советский): 인구 21,700명; 북위 61°22′, 동경 63°34′
(인구: 2002년 현재)

4. 주요 산업 및 농업

자치구의 주요 산업으로 석유, 가스 채굴산업이 특히 발전했으며, 기타 임업, 목재가공업 및 건축자재산업이 발달했다. 농업부문은 낙농업 및 사슴사육업, 모피동물 사육, 도시근교에 야채, 감자재배 등이 발달했다.

Ⅱ. 자연환경

1. 지리적 위치와 구성

한띠-만씨스크 자치구는 9개의 행정구, 15개의 시, 25개의 도시형마을, 67개의 농촌마을로 구성되어 있으며, 서 시베리아 평원에 위치하며, 쭈멘주에 속해 있다.

주요 하천은 오피(Обь)강과 이르띠슈강(Иртыш)(오피강의 지류)과 그 지류인 꼰다, 쏘씨바강 등이다. 자치구 안에는 또한 많은 호수가 있다.

수도 한띠-만씨스크시와 모스크바 간의 거리는 2,759㎞이다.

2. 기후조건

온난기후대, 대륙성기후

1월 평균기온: -18 ~ -23℃

7월 평균기온: 16 ~ 19℃

연강수량: 400 ~ 550㎜

식물 생장 기간: 80(북부 지역) ~ 110일(남부 지역)

식생: 타이가 지대, 소택지

토양: 타이가 염분회색토

삼림분포도: 52%

3. 주요 유용광물

원유, 가스 등이 있다.

주요 산지:

원유 및 가스: 싸모뜰로르스크, 랸또르스크, 쑤르구뜨스크(니주네바르또프스크), 바리예간스크.

원유: 우스찌-발리끄스크(네프쩨유간스크), 마몬또프스크, 살림스크.

가스: 이그림스크(이그림), 뿐김스크, 베레조프.

III. 정치시스템

1. 역사

이 지방의 역사적 명칭은 유그라이다. '북국(北國)에 거주하고 있는' 사람들에 대한 첫 번째 서면 기록은 1096년에 쓰여 졌다. 연대기는 유그라의 알려지지 않은 인종 오스쨔끄(한띠), 보굴(만시)에 대해 얘기해준다. 이들은 러시아족의 첫 번째 진출자와 충돌했다. 이야기에서는 또한 유그라 거주인종의 이웃인 사모야디(넨쯔)에 대해서도 기록하고 있다.

시베리아는 최종적으로 예르막의 전설적인 출정이후에 모스크바 국가에 편입되었다. 예르막의 사망이후 1585년 가을 만수로프의 지휘아래 까자크들은 이르띠쉬의 하구 오비강 오른쪽 강변에 러시아족의 방어 거주지를 세웠다. 이렇게 만시와 한띠의 땅은 러시아 국가의 소속이 되었으며 이는 1592년 뻴림, 베레조보, 그리고 1594년에 수르구트의 건설로 공고해졌다. 옵스끄 북부에 등장한 소도시들은 유통의 장소가 되었고 말의 교환을 위한 특수한 장소-얌(ям, 驛站)이 생겨났다. 1637년 두개의 얌, 제미얀스끄와 사마롭스끄(현재의 한띠-만씨스크)가 세워졌다.

오늘날의 한띠-만씨스크의 탄생에는 세 시기가 있는 것으로 생각된다. 첫 번째는 1637년으로서 사마롭스끄 얌이 세워졌고, 두 번째는 1931년으로서 지역의 중심인 오스쨔꼬-보굴스끄의 건설이 시작되었다. 세 번째는 1950년으로서 오스쨔꼬-보굴스끄 마을과 사마로보 마을이 합쳐져서 한띠-만씨스크 시가 구성되었다. 공식적으로 도시의 탄생시기는 그리 오래지 않은 것으로 확인된다. 한띠-만씨스크 자치구의 법률은 사마롭스끄 얌이 세워진 시기부터 현대 한띠-만씨스크 시의 역사가 시작되었다고 본다.

1637년 오비강 지류인 이르띠쉬 오른쪽 강변에 사마롭스끄 얌이 형성되었고 처음에는 사마로보 마을이, 이후에는 한띠-만씨스크가 형성되었다. 사마로보의 첫 번째 정주자는 50명의 마부들로서 가족과 함께였으며, 뻬름, 볼로고트, 올레네쯔끄 지역으로부터 이주해왔다. 이들의 뒤를 이어 다른 이주자들이 사마로보로 옮겨왔고 사마로보의 인구는 급성장했다. 1748년에는 마을에서 농민을 뺀 마부 수만 해도 이미 487명에 이르렀다. 운송업에 종사하는 것 이외에 사마로보 주민들은 수렵, 가축사육에 종사했으며 천연의 야생 식물들, 예를 들면 야생의 열매들과 버섯을 거둬들였다. 자연의 풍요로운 자원을 경제적으로 이용하는 데에서 새로운 질서를 세울 목적으로 뾰뜨르 I세는 1708년 시베리아 현(여기에는 베레조보와 수르구트 도시가 포함되었다)을 세웠다. 1775년 예까쩨리나 II세의 명령으로 또볼스크 현이 세워졌다.

이 지역의 역사에는 국가적 범죄자의 유형지라는 말이 고정되었다. 베레좁스끼 라이온에서는 드미뜨리 로모다놉스끼 대공이, 1742년에는 안드레이 오스쩨르만 백작이, 1798년에는 돌고루꼬븨 대공의 많은 가족들이 유형을 마쳤다. 베레좁스끼 땅에는 이 지역에 유형 온 멘쉬꼬프 대공과 그의 딸 마리야가 묻혀있다. 상원광장의 사건이후에 여기에서 데까브리스트들이 유형을 끝냈다. 북부의 민족들에게서 행정적 운영과 사법기능의 집행은 1822년 승인된 스뻬란스끼 헌장 '시베리아 이민족 운영에 관하여'를 기반으로 실행되었다.

1905-07년의 혁명적 사건들은 사마로보에 거의 영향을 미치지 않았으며 혁명에 관한 소식조차도 상당히 늦게 전해졌다. 1917년 2월 짜르체제의 전복에 관한 소식은 옵스끄 북부에 빠르게 전해졌고 사마로보는 어려운 권력교체와 많은 이들의 사망을 겪었다. 1909년 사마로보에는 전보망이 연결되었고 1913년에는 베레조보와 수르구트까지 이어졌다.

1918년 또볼스끄현은 쭈멘현으로 개명되었고 현의 중심은 쭈멘으로 옮겨졌다. 1923년에는 현과 향이 폐지되고 우랄주, 또볼스끄 구와 여러개의 라이온, 즉 베레좁스끼, 수르구츠끼, 사마롭스끼, 꼰딘스끼 라이온이 구성되었다.

1930년 12월 10일 전러시아 중앙집행위원회의 상임위원회는 명령 '북부의 소수민족의 이주지역에서 민족적 통합 조직에 관하여'를 채택했다. 명령에 의해 오스짜꼬-보굴스끄(한띠-만씨스크) 구를 포함하여 8개의 민족지구의 건설이 정해졌다. 또볼스끄 구의 폐지와 관련하여 한띠-만씨스크와 야말-네네쯔 민족지구의 구성과 경계가 명확해졌다.

지구의 중심으로 선택된 곳은 사마로보에서 북쪽으로 5킬로미터 떨어진 곳에 위치한 한적한 지대였다. 수세기동안 시베리아 타이가가 서있던 이곳에 도시건설이 진행되었으며 1935년에는 지구 중심에 도로건설이 전개되었고 오스짜꼬-보굴스끄와 사마로보를 연결시키게 되었다. 1937-41년에는 발전소, 목재가공공장, 기계제작소 등이 세워졌고 쭈멘-또볼스끄-사마로보-베레조보-살레하르트를 잇는 항공로는 지구의 중심을 다른 도시들과 연결시켰다.

1936년 3월에는 도시형 촌락의 노동자대의원 소비에트의 첫 번째 선거가 실시되었으며 이 소비에트는 1950년까지 활동했다. 1940년에 도시형 촌락 오스쨔꼬-보굴스끄는 한띠-만씨스크로 개명되었고 1950년에는 도시의 지위를 획득했다. 여기에는 사마로보가 편입되었다. 도시에는 새로운 건물이 급속하게 들어서게 되었고 새로운 거리들이 등장했으며 기업들이 발전했다. 한띠-만씨스크 민족지구는 1977년 자치구의 지위를 얻었으며 1993년 한띠-만시스크 자치구는 완전한 권리를 갖는 러시아연방의 주체로서 위치지어지게 되었다.

2. 정치

1) 정치일반

한띠-만씨스크 자치구에서 집행권력은 주지사가 지휘하는 한띠-만씨스크 자치구 정부가 대표한다. 주지사는 필리뻰꼬로서 수장의 역할을 한다. 그리고 이 기관은 자치구 법률의 집행문제와 관련하여 책임을 지며 자치구 두마에 예속된다.

한띠-만씨스크 자치구에서 유일한 입법(대의)기관은 자치구 두마이다. 두마와 그 상설 위원회들의 조직에 대한 문제는 두마의 소비에트가 처리한다. 이 소비에트에는 두마의 의장 손듸꼬프, 수석 부의장 볼로스뜨리고프, 사회정책관련 부의장 치스또바, 예산위원회 위원장 례쟈뽀브와 두마에 의해 선출된 두마의원들이 있다.

사법권력은 연방법원과 다른 법원들, 즉 자치구의 헌법재판소, 자치구 재판소, 라이온의 재판소, 자치구 중재재판소가 실현한다.

한띠-만씨스크 시의 행정수반은 수제이낀으로서 2001년 6월 17일 선출되었다.

한띠-만씨스크 자치구 권력구조의 특수성은 러시아연방에서의 그 위치에서 나온다. 한편으로 자치구는 완전한 권리를 갖는 연방주체이고, 다른 한편으로는 쭈멘주에 소속된다. 이러한 상황은 이웃하고 있는 야말-네네쯔 자치구도 마찬가지이다. 지적된 특성으로 인해 쭈멘주의 집행 및 입법권력기관과 자치구 권력기관의 관계가 조건지어진다. 한띠-만씨스크 자치구와 야말-네네쯔 자치구의 권력기관과 쭈멘주 권력기관 사이의 상호관계에서의 여러 복잡성은 시간이 흐르면서 주차원에서 결정에 대한 동의절차를 개발하도록 했다.

쭈멘주와의 관계는 행정 소비에트의 틀 내에서 조절되며 여기에는 주 및 그 소속 구들의 행정수반이 들어간다. 연방의 세 주체의 입법기관들은 정규적으로 공통의 관할문제에 관한 합동회의를 연다. 구와 주 사이의 관계에서 모순의 기반을 구성하는 것은 주 전체 프로그램의 재정문제와 구의 예산과 주의 예산 사이의 재정적 공제의 조절문제이다.

구와 주의 라이온들 사이의 관계는 지역 간 차원에서처럼 행정소비에트의 결정과 조약을 기반으로 세워진다. 협력에 관한 협약은 라이온 수준의 권력기관 사이에서 그리고(혹은) 개별 기업들 시이에서 체결된다. 한띠-만씨스크 자치구의 집행권력구조는 구, 시, 라이온 수준으로 구성된다. 다양한 수준의 행정수반 사이에서는 라이온간의 협의가 정규적으로 진행된다.

대의권력기관은 구, 도시, 라이온 두마로 구성되었다.

2) 선거

2000년 3월 26일 한띠-만씨스크 자치구의 주지사 선거가 진행되었다. 주지사의 직위에는 4명이 입후보했다.

후보별 득표

후보명	당시 주요경력	득표율(%)
아브라모프(Абрамов В.И.)	-	1.04
끄라베쯔(Кравец С.А.)	ЗАО'유코스-게오(Юкос-Гео)'부서장	0.49
오스따뻰꼬(Остапенко Е.Д.)	-	0.37
필리뻰꼬(Филипенко А.В.)	한띠-만씨스크 자치구 지사	90.82

http://www.hmao.intergrad.ru/vlast.html 선관위 사이트

선거에는 유권자의 67.96%가 참여했고 모든 후보에 대한 반대에는 투표참여 유권자의 5.94%가 투표했다. 현직 주지사인 필리뻰꼬가 압도적인 표를 얻어 승리했다.

Ⅳ. 경제 시스템

1. 경제개황

한띠-만씨스크 자치구는 7개의 연방지구 중 우랄연방지구에 속하고 12개의 러시아 경제지역 중 서시베리아 경제지역에 속한다. 한띠-만씨 자치구의 특징은 부유한 석유산지로서 충분한 석유생산으로 여러 면에서 경제적 우위에 있다는 것이다.

이 지역에는 유용광물이 풍부하게 매장되어 있고 그 중 가장 중요한 것은 석유가스가 매장되어 있는 것이다. 한띠-만씨스크 자치구에는 약 500개 이상의 석유와 가스의 산지가 있고 그 축적된 량은 약 200억 톤 정도에 이르고 있다.

즉 한띠-만씨스크 자치구는 연료공업이 상대적으로 높다고 할 수 있으며 이것으로 인해 공업생산량도 러시아대비 9.1%라는 어마어마한 비중을 차지하고 있다. 농업은 러시아대비 0.2%로 평균보다 매우 적은 비중을 가지고 있다. 반면에 연료공업의 활성화에 따른 대내외 투자가 유입되어 러시아대비 자본투자는 무려 10.2%에 이르고 있다.

한띠-만씨스크 자치구에는 전통적인 경제부문이 있으며 그것은 어업과 임업 그리고 사냥, 사슴사육 등이다. 그리고 한띠-만씨 자치구에서 이 전통적인 부문을 포함한 경제의 여러 부문을 결정하고 있는 주요 요인들은 기후적 요인, 주민구성의 문제, 주요 발전부문과 낙후 부문의 상호관계 등이라고 할 수 있다.

한띠-만씨스크 자치구의 경제상황을 파악하기 위해 지역총생산을 파악할 필요가 있지만 지역총생산은 물론이고 지역총생산의 구성과 비율 등 어느 것 하나 통계에 잡히지 않고 있다. 그래서 한띠-만씨스크 자치구의 전체적 윤곽을 그리는 것은 한계가 있다.

한띠-만씨스크 자치구의 기업부문의 지표, 즉 총 기업수와 소 기업수 그리고 공업관련기업수를 살펴보면 다음과 같다.

기업수 추이

항목 \ 년도	1997	1998	1999	2000
총기업수(년말)	256,893	25,839	26,697	28,130
소기업수(년말)		7,754	5,824	4,905
활동기업수	1,213	1,183	876	1,071

http://www.infostat.ru/epub.htm (검색일: 2003.1.10)

2. 산업

1) 공업

한띠-만씨스크 자치구는 유용한 광물들로 인해 활기를 찾고 상대적인 경제우위를 누리고 있으며 이는 석유와 가스의 채굴로 인한 경제성장을 의미하는 것이다. 실제 석유가스의 매장량으로 비교하면 러시아에서 2위에 해당되며 1위의 자리는 야말-네네쯔 자치구가 차지하고 있다. 석유와 가스를 생산하고 있는 주요 산지는 싸모뜨로르스크, 페도롭스크, 마몬똡스크, 쁘리오브스크 등이다.

한띠-만씨스크 자치구에서 생산되는 석유는 全 러시아의 석유생산량의 57%에 이르고 있어 한띠-만씨스크 자치구의 유용광물의 비중을 가늠하게 한다. 그리고 이 양은 전 세계의 5%에 이르고 있는 것이다.[1)]

한띠-만씨스크 자치구의 전체적 공업상황을 파악하기 위해 총 공업생산량과 공업생산지수를 파악할 필요가 있다. 연도별 추이를 표로 보면 다음과 같다.

총 공업생산량 추이

항목 \ 년도	1997	1998	1999	2000
총 공업생산량	86,868	84,093	185,436	375,665
공업생산 지수	102	99.8	102	106

http://www.infostat.ru/epub.htm (검색일: 2003.1.10)

1) 한띠-만씨스크 자치구의 석유와 가스채굴과 관련되어 있는 기업들은 약 40개의 주식회사에 이르고 있으며 주요 대기업들을 들어보면 다음과 같다. ‘ЛУКой л - Западная Сибирь’, ‘Сургутнефтегаз’, ‘ЮКОС’, ‘Тюменская нефтяная компания’, ‘Сиданко’, ‘Славнефть’ 등이다.

한띠-만씨스크 자치구의 공업은 연료공업이 중심이 되고 있으나 그 외에도 몇 개의 중요 부문들이 있다. 주요 구성과 비율을 보면 다음과 같다.

주요 공업생산부문별 생산비율

생산부문	한띠-만씨스크 자치구 총공업생산 비율
전기전력	4.7%
연료공업	91.4%
화학·석유화학	0.1%
기계제작·금속가공	2.7%
목재가공, 종이·펄프	0.4%
건재공업	0.4%
식품공업	0.3%

http://www.infostat.ru/epub.htm (검색일: 2003.1.10)

2) 농업

한띠-만씨스크 자치구의 농업은 생산량이 높지 못하다. 그것은 토양과 기후가 농업에 그다지 적합하지 않기 때문이다. 특히 작물재배는 그나마 기본량을 유지하고 있으며 가축사육은 여타 지역과 비교해 매우 작은 양을 사육·생산하고 있다.

한띠-만씨스크 자치구의 농업의 주체들을 비교해 보면 농업기업은 138개이고 농장은 620개, 그리고 60개 이상의 기업이 어업과 가공 등을 하는 콤비나트이다. 이 콤비나트에서는 약 20여 종류의 생선가공식품을 만들어 내고 있다.

한띠-만씨스크 자치구의 농업을 파악하기 위해 총 농업생산액과 작물관련 생산액, 가축관련 생산액 그리고 농업생산 지수를 연도별 추이로 보면 다음과 같다.

농업생산량 추이

항목 \ 년도	1997	1998	1999	2000
총농업생산액	649.6	609.9	1,391.2	1755.8
작물관련 생산액	312.6	284.0	952.8	1,159.2
가축관련 생산액	337.0	325.9	438.4	596.6
농업생산 지수	110	80	121	103

http://www.infostat.ru/epub.htm (검색일: 2003.1.10)

한띠-만씨스크 자치구의 주요 농산물의 종류와 그 생산량을 보면 농업 파악에 도움이 될 것이다(2000년 기준). 감자- 9만 3,300 톤; 채소- 1만 9,200 톤; 가축과 닭 등- 4,500 톤; 우유- 2만 7,900 톤 등이다. 한띠-만씨스크 자치구의 가축사육에서 사육되는 소는 2000년 1만 8,900 마리, 이 중에서 암소는 8,800 마리, 그리고 돼지의 수는 2만 7,900 마리이다.

3) 자원 등 기타

한띠-만씨스크 자치구는 서부 시베리아의 평원에 위치하고 있으며 그 면적은 53만 4,800 ㎢에 달한다. 한띠-만씨스크 자치구의 기후는 현저한 대륙성기후로 여름의 경우에는 따뜻하지만 짧으며 혹독하고 긴 겨울날씨를 보인다.

이 자치구의 남쪽에서 북쪽을 경유하여 두 개의 큰 강인 오비와 이르띄샤 강이 흐른다. 한띠-만씨스크 자치구는 유용광물자원이 매우 다양하고 그 비축량이 매우 많으며 러시아 연방의 주요한 석유가스 매장지역으로 알려져 있다. 이 자치구에는 이미 500여 개의 석유와 가스 매장지가 있으며 그 매장량은 200억 톤에 달한다. 천연가스의 경우에는 야말-네네쯔 자치구 다음으로 많이 매장되어 있어 러시아 연방에서 두 번째의 위치를 차지하고 있다.

한띠-만씨스크 자치구에는 가스, 석유 송유관 전체가 경유하고 있으며 전체의 길이는 9,000km에 달한다.

또한 한띠-만씨스크 자치구에는 금의 매장량이 많은 것으로 알려져 있다. 추정치에 의하면 금의 매장량은 216 톤 이상에 이르고 있으며 우랄과 접한 지역의 경우에는 수억 톤에 이르는 철광이 매장되어 있다. 이 외 보오크사이트, 구리, 아연, 납 등이 발견되고 있다. 갈탄의 매장지도 이미 발견이 되었으며 총 매장량은 46억 톤이고 석탄의 경우는 9억 7,000만 톤에 이르는 것으로 알려져 있다.

최근에는 장식용 돌, 벽돌 도자기용 점토, 건축용 모래, 염소침전물 등의 매장지도 발견되어 채굴작업을 진행하고 있다. 또한 미네랄수에 대한 작업도 활발히 전개되고 있다.

한띠-만씨스크 자치구는 전 면적의 많은 부분이 숲으로 덮여 있다. 이 삼림지대에 서식하고 있는 나무로는 서양삼나무, 전나무, 소나무, 낙엽송, 자작나무 등이 있다. 전체 삼림지대의 면적은 4,860만 헥타르이며 전체 나무의 비축량은 301억 800만 ㎥에 달한다. 현재 목재의 가공이 활발하게 이루어지고 있고 그 대표적인 지구는 사베트지구이다. 기타 식물계의 경우도 다양하며 약용식물이 특히 주목을 받고 있다.

한띠-만씨스크 자치구의 수산자원 역시 다양하고 풍부하다. 이 지구에는 철갑상어, 송어, 연어를 포함한 가치 있는 어종 27종이 서생하고 있다. 이 어류들은 이미 세계 시장으로 수출되고 있다. 동물계의 경우에도 매우 풍부하여 유명한 수렵지구가 많다. 이 수렵지구에 사슴, 곰, 흑담비 등 포유류 50여종과 200여 종의 조류가 서생하고 있으며 특히 검은 황새와 붉은 입 기러기, 독수리, 매 등은 러시아연방 정부에 의해 희귀조류로 분류되어 있다.

V. 문화시스템

1. 지역정체성

1) 인구

2001년 현재 한띠-만씨스크 자치구의 인구는 1,402,000명으로 러시아연방 전체의 0.96%, 89개 주체 중 37위이다. 자치구의 인구는 러시아연방 주체 중 몇 안 되는 인구 증가 지역으로, 2001년까지 매년 꾸준한 증가세를 보이고 있다. 실제로 1990년 대비 2001년 현재의 인구증가율은 6.6%로 87,000명이 증가했다. 자치구 인구 중 남여 비율은 각각 50.5%, 49.5%이며, 평균연령은 31.9세이다. 자치구 인구 중 91.3%가 도시에 집중되어 있다. 자치구의 출생률이 사망률에 비해 현저히 높아 인구증가 현상은 당분간 시속될 전망이다.

한띠-만씨스크 자치구 인구변동 추이

연도	1990	1992	1993	1994	1995	1996	1997	1998	1999	2000	2001
인구수 (1,000명)	1,315	1,319	1,315	1,327	1,340	1,345	1,350	1,372	1,383	1,382	1,402

Российский статистический ежегодник. М., 2001. С. 82.

한띠-만씨스크 자치구의 인구 자연증가율은 매우 높은 편으로, 낮은 사망률에 비해 출생률이 매우 높은 데서 비롯된다. 이는 자치구의 인구증가에 매우 긍정적으로 작용하고 있다.

한띠-만씨스크 자치구 출생자수, 사망자수, 자연증가율

연도	출생자수(명)	사망자수(명)	자연증가율(명)
1990	21,812	5,354	16,458
1992	15,849	7,132	8,717
1993	14,531	9,401	5,130
1994	15,120	9,937	5,183
1995	14,418	10,041	4,377
1996	14,469	9,508	4,961
1997	14,640	8,497	6,143

1998	15,600	8,164	7,436
1999	14,728	8,476	6,252
2000	15,579	9,426	6,153

Россий ский статистический ежегодник. М., 2001. С. 118.

2000년 현재 한띠-만씨스크 자치구의 경제활동인구는 771,000명, 전체 인구의 55.8%로 매우 높은 편이다. 그 중 실업자는 86,000명, 11.2%에 이른다. 이러한 높은 실업률은 독자적인 측정을 하기 시작한 1997년 이래 지속되었으나, 최근에 이르러 비교적 안정적인 추세로 접어들고 있다. 그러나 실업률을 더욱 안정시키기 위해서는 자치구 정부의 많은 노력이 요구된다.

한띠-만씨스크 자치구 경제활동인구(취업자, 실업자), 실업률

연도	경제활동인구 (1,000명)	취업자수 (1,000명)	실업자수 (1,000명)	실업률(%)
1997	744	651	93	12.5
1998	679	580	99	14.6
1999	789	670	90	11.3
2000	771	685	86	11.2

Россий ский статистический ежегодник. М., 2001. С. 138.

2) 민족

한띠-만씨스크 자치구에는 약 90여 민족이 거주하고 있다. 전체 인구 중 토착민족인 한띠인과 만씨인은 각각 0.9%, 0.5%에 불과하고, 나머지는 러시아인 66.3%, 우끄라이나인 11.6%, 따따르인 7.6%, 바슈끼르인 2.4%, 벨라루스인 2.2%, 추바슈인 1.1%, 아제르바이잔인 1%, 몰다브인 0.8%, 독일인 0.7% 등으로 구성되어 있다.

3) 교육

한띠-만씨스크 자치구에는 87개 중등학교가 개설되어 70,199명의 학생이 재학 중이다. '2001 농촌학교 전산화' 프로그램의 일환으로 6,696,000 루블을 투자하여 76%의 농촌학교가 전산화되었다.

자치구에는 6개 교육발전 프로그램이 실행되고 있으며, 각급학교에 IT기술이 도입되어 교육발전에 이바지하고 있다.

기초교육 및 보충교육 시스템에서는 새로운 과정 및 과목이 도입되고 있으며, 각급학교에서 민족교육이 강화되고 있다.

최근 들어 민족학교의 수가 늘고 있는데, 예를 들면, 2000년도에는 40개교였던 민족학교의 수가 2001년도에는 42개교로 증가했으며, 민족학교 학생수 또한 12%, 특히 토착민족의 학생 수는 20% 증가했다.

모든 중등학교에서는 민족어, 민족예술, 민족체육 및 민족음악, 무용 등의 민족문화 전반에 대한 교육이 시행되고 있다.

중등학교 졸업생 중 약 60%가 상급학교에 진학하고 있으며, 한띠-만씨스크, 꼬갈림, 유고르스크, 란게빠스, 우라이 등의 도시에서는 상급학교 진학률이 70~80%에 이른다.

2000년도에는 초급전문학교의 수가 21개였으며, 재학생 수는 10,126명, 2001년도에는 10,819명으로 증가하였다.

2. 지역문화

1) 문화 개괄

자치구 주민들의 전통과 풍습, 민족 문화의 특수성은 많은 역사-건축 기념물과 민속학 박물관에 잘 나타나 있다. 국립 보호구역, 자연 공원과 금렵 구역들은 사라져가는 희귀한 식물계와 동물계를 보존하는데 도움을 주고 있다.

자치구의 문화는 흥미롭고도 다양하다. 이 지역 출신의 유명한 예술가들로는 시인이며 고리끼상의 수상자인 쉐스딸로프(Ю. Шесталов), 시인 따르하노프(А. Тарханов), 작가 아이삔(Е. Айпин)과 아이바세드(Ю. Айвасед), 화가 라이쉐프(Г. Райшев)와 쩨베쩨프(М. Тебетев), 목공예가 쉐슈낀(П. Шешкин)가 있다. 이들의 작품들은 한띠-만씨스크 자치구에서만이 아니라 외국에까지도 알려져 있으며, 젊고 독자적인 재능 있는 조각가인 베르비츠끼(В. Вербиций)도 이 지역 출신이다.

시의 텔레비전 방송국과 신문들은 자치구의 문화발전에 중요한 역할을 하고 있다. 신앙이 있는 주민들은 기독교회와 회교 사원에 나갈 수 있다. 자치구에는 400개가 넘는 궁전과 문화의 집, 문화 휴식 센터가 있다.

자치구의 문화 기관들인 영화 관람 센터, 도서관, 전시관, 어린이 음악-예술 학교, 예술 학교, 뻬쩨르부르크 글린까 무용학교 지부, 음악학교, 드라마 극장, 인형 극장의 작품들은 '자치구의 문화와 예술의 발전과 보존'이라는 프로그램의 토대위에서 행해지고 있다. 문화 기구의 폭넓은 기관망은 예술적인 대중의 독자성을 발전시키고 있다.

30만 명 정도의 예술 애호가들이 1,500개 정도의 문화 단체와 클럽에 가입해 있는데 이중 45개의 문화 단체들이 '민중'이란 명칭을 가지고 있으며 25개의 문화 단체는 '모범적인'이란 명칭이 붙어 있다. 자치구에는 민속 예술이 상당히 발전해 있다. 장식-실용 예술품과 어린이 그림을 전시하고, 독립적이고 전문적인 예술가들의 개인 전시관을 여는 것이 전통으로 되어 있으며 이런 전시관들은 이 지역에 300개가 넘게 있다.

50명이 넘는 독립적인 작곡가들은 자신의 작품에서 지역의 아름다움을 노래하고 있다. 그리고 작가들과 시인들이 문화와 학문을 발전시키고 주민들을 계몽하는데 커다란 역할을 하고 있으며, 이들은 유반 쉐스딸로프(Юван Шесталов), 에레메이 아이삔(Еремей Ай пин), 안드레이 따르하노프(Андрей Тарханов)와 예술가 겐나지 라이쉐프(Геннадий Рай шев)이다.

문화계에서 활동하고 있는 예술 단체들은 지역에서만 유명한 것이 아니다. 이 단체들은 영국, 독일, 이탈리아, 우크라이나, 까자흐스탄, 헝가리, 스칸디나비아의 나라들과 베네룩스의 문화의 날에 참가하기도 했다.

자치구에서는 30개의 민속 예술 집단이 활동하고 있는데 가장 유명한 것으로 '아랑 모쉬네(Аранг Мощне, 노래하는 이야기꾼)', '모이삐르 야크(Мой пыр Як, 곰들의 춤)', '우바스 후라마뜨(Увас Хурамат, 아름다운 당초무늬)', '미스너(Мисн э, 숲의 요정의 이름)' 등을 들 수 있다. 러시아 전체 상황에 비추어 봤을 때 자치구는 발달된 박물관 연계망을 갖추고 있다.

지지와 인류학 관련 26개 박물관은 도시들과 지역에서 활동하고 있는데 한띠-만씨스크시의 지지박물관은 60년도 넘게 되었다. 그 외에도 우라야시의 역사박물관, 쑤르구트시의 국립 예술 박물관, 루스낀 쑤르구트 지역의 자연 박물관, 아간 니즈니바르또프스크 지역의 박물관-극장 등이 있다.

1996년에 자치구의 박물관들은 처음으로 미국 샌프란시스코에서 열린 23회 역사와 국제 협력 대회에 참가했다. 북쪽 최초의 일반 박물관은 베레조프와 쑤르구트지역에서 19세기 말에 세워졌다.

오늘날 자치구의 박물관망은 교육 학술 기관(초-중-고와 직업 전문학교 등)에 있는 363개의 도서관과 41개의 의학, 기술 등 특수한 분야의 도서관, 269개의 대중용, 지방 자치, 직업 도서관을 포괄하고 있다. 1991년에 오브스-위그르 민족 부활 학문 연구 대학이 문을 열었는데 이 대학은 오브스 -위그르 민족의 역사와 사회-경제, 국제 관계, 언어학 관련, 법 관련 문제들을 집단적으로 연구하고 학문적인 인재를 준비할 목적으로 설립되었다. 자치구에는 영화 산업도 발달해 있다.

2) 문화시설

한띠-만씨스크 자치구 지지박물관

한띠-만씨스크 자치구 지지박물관은 우랄 북쪽의 토착 민중들의 경제적, 문화적 후진성을 청산하려는 목적으로 1932년 7월 9일부터 우랄 정치위원회 간부회의의 주창에 의해 세워졌다. 그러나 박물관의 건설 작업은 1934년에야 시작되었다.

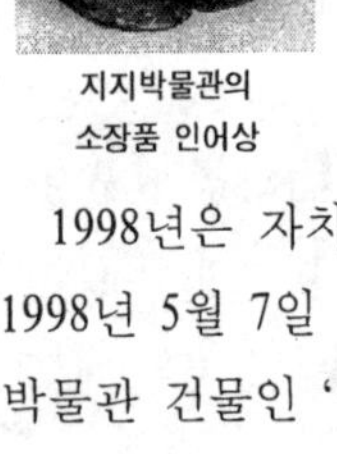

지지박물관의 소장품 인어상

박물관의 최초의 전시품들은 장식- 실용 예술품들이었는데 이는 전시를 위해서 특별히 준비된 것이다. 이 시기에 인류학관이 준비되기 시작했다. 1981년에 로스꾸도프의 집요한 청원에 따라 현재의 자치구 지지박물관의 건물이 세워지기 시작했다.

1998년은 자치 박물관의 발전이 질적으로 새로운 단계를 맞이한 해이다. 1998년 5월 7일 한띠-만씨스크 자치구 장의 결정에 따라 지지박물관은 복합 박물관 건물인 '국립 자치구 자연과 인간 박물관'속에서 재조직되었다.

복합 박물관 건물 건설의 목적은 지역의 중심에 생태 박물관을 만드는 것이고, 이 박물관의 역할은 서로 다른 박물관을 자연과 인간의 상호작용이라는 생태 문화의 파노라마를 구현하는 하나의 통합된 개념 속에 묶고자하는데 있었다. 창립자의 의도에 따라 박물관은 내부 활동에만 치중하는 것이 아니라 적극적으로 외부 활동도 전개하고 있다.

참고문헌

http://www.mojgorod.ru/karacherk_r/index.html(2002).

http://wgeo.ru/russia/reg07.shtml(2002).

http://wgeo.ru/russia/reg08.shtml(2002).

http://socarchive.narod.ru/bibl/polros/Krasnod/geogr-kras.html(2002).

http://wgeo.ru/russia/reg23.shtml(2002).

http://socarchive.narod.ru/bibl/polros/Dagestan/geogr-dagest.html(2002).

http://wgeo.ru/russia/reg05.shtml(2002).

http://wgeo.ru/russia/reg61.shtml(2002).

http://wgeo.ru/russia/reg34.shtml(2002).

http://socarchive.narod.ru/bibl/polros/Sevos_r/geogr-sev.html(2002).

http://wgeo.ru/russia/reg15.shtml(2002).

http://wgeo.ru/russia/reg26.shtml(2002).

http://wgeo.ru/russia/reg01.shtml(2002).

http://wgeo.ru/russia/reg47.shtml(2002).

http://www.ingushetiya.intergrad.ru/(2002).

http://wgeo.ru/russia/reg47.shtml(2002).

http://wgeo.ru/russia/reg20.shtml(2002).

http://www.intergrad.ru(2002).

http://www.gov.ru(2002).

http://www.regions.intergrad.ru(2002).

http://wgeo.ru/russia(2002).

http://www.roiip.ru/regions/index.htm(2002).

http://www.intergrad.ru/kultura_mus.htm(2002).

http://www.gov.ru(2002).

http://www.museum.ru(2002).

http://www.theatre.ru(2002).

http://ys.mmc.ru/dagestan.html(2002).

http://www.towns.ru/main.html(2002).

http://www.lenobl.ru/culture(2002).

http://www.russianculture.ru(2002).

http://www.bumbinorn.ru/index.php?page=6(2002).

Аронов А. А. Мировая художественная Культура. Россия XX век. М, 1999.

Балакина Т. И. Мировая художественная Культура-Россия 9с-19с. М., 1999.

Кононенко. Б. И. Культурология. Альбом схем. М., 1998.

Лотман. Ю. М. Беседы о русской культуре. СПБ., 1994.

Морозова Т. Г. Региональная экономика. М., 1998.

Морозова, Т. Г. *Регионоведение*. М., 1998.

Радугина. А. А. Культурология. М., 1998.

Раковой М. М. и Рязанцева И. В. История русского искусства 1-3.М., 1981.

Региональная экономика: учебник/под ред. В. И. Видяпина, М. В. Степанова, М., 2002.

Регионы России : Стат. сб. В 2т. Т.2/ Госкомстат России. М., 2001.

Ржеевский , В. А., Киселева А. В. "Субъекты Российской Федерации: типология и конституционные основы организации." *Государство и прово*, N10(1994).

Экономика и энергетика регионов Российской Федерации. М., 2001.

연 구 진

● **권 세 은**

모스크바 국립대학교 정치학 박사.
현 경희대학교 외국어대학 러시아어학과 부교수.

주요논저:
『한국과 러시아 관계』(공저, 2001); 『21세기 러시아 정치와 국가전략』(공저, 2001); 「Синергетический подход к описанию трансформации российского общества」(2003); 「지역연구의 패러다임으로서 복잡성에 대한 시론」(2004)

● **공 우 석**

영국 헐대학교(The Univ. of Hull) 지리학 박사.
현 경희대학교 문리과대학 지리학과 교수.

주요논저:
『정보화시대의 국토와 환경』(공저, 2000); 『한국의 제4기환경』(공저, 2001); 『경관생태학』(공저, 2001); 『러시아의 지리』(공저, 2002)

● **안 병 용**

모스크바 국립대학교 문학 박사.
현 경희대학교 외국어대학 러시아어학과 부교수.

주요논저:
「현대 러시아드라마 연구」(2001); 「<적자색 섬>에 나타난 작가와 검열의 문제」(2001); 「<위선자들의 까발라>에 표현된 불가꼬프와 몰리에르」(2002); 「한국에서의 러시아문학 수용 연구」(2003)

● **성종환**

한국외국어대학교 문학박사(노어학).
현 경희대학교 비교문화연구소 러시아지역연구팀 책임연구원.

주요논저:
『현대 러시아어 관용구연구』(2001); 「러시아 지역 정체성연구」(2003); 『동방특급열차』(역서, 2003)

● **공영호**
모스크바대학교 노문학 박사.
현 경희대학교 러시아지역연구팀 책임연구원.

주요논저:
「러시아 연방지구문화연구」(2005); 「러시아 지역문화연구방법론」(2004), 「러시아문화연구방법론」(2003)

● **김 성 훈**
모스크바대학교 경제학 박사.
현 경희대 비교문화연구소 러시아지역연구팀 책임연구원.

주요논저:
『이슬람경제의 사상과 적용』(공저, 1999); 「Capital accumulation during the transition period in russian economy」(1999);「복잡시스템에 기초한 지방경제의 분석모델 연구-러시아 7개 지구 연방지구의 예시」(2004)

러시아 지방연구 Ⅳ : 우랄연방지구

인 쇄 일 | 2006. 2. 20
발 행 일 | 2006. 2. 27
저　　자 | 권 세 은 외
발 행 인 | 김 병 묵
발 행 처 | 경희대학교 출판국
등록번호 | 1977년 11월 8일 제6-5호
주　　소 | (130-701) 서울시 동대문구 회기동 1번지
전　　화 | (02) 961-0106 / 7
팩　　스 | (02) 962-8840
이 메 일 | khup@khup.com
홈페이지 | http://www.khup.com
인 쇄 처 | 한다문화
Tel. (02) 961-7500　Fax. (02) 961-7400
Email. handapp@hanmail.net

ISBN 89-8222-120-4(94980)　　정가 10,000원
89-8222-116-6(세트)